Alles Gute Zum Geburtstag
SUDOKU

liebe, Freude und auch
Glück, von allem wünsch'
ich dir ein Stück!

© 2023 Rätselkönig Verlag
Herstellung und Verlag: BoD – Books on Demand, Norderstedt
ISBN: 9783751920520

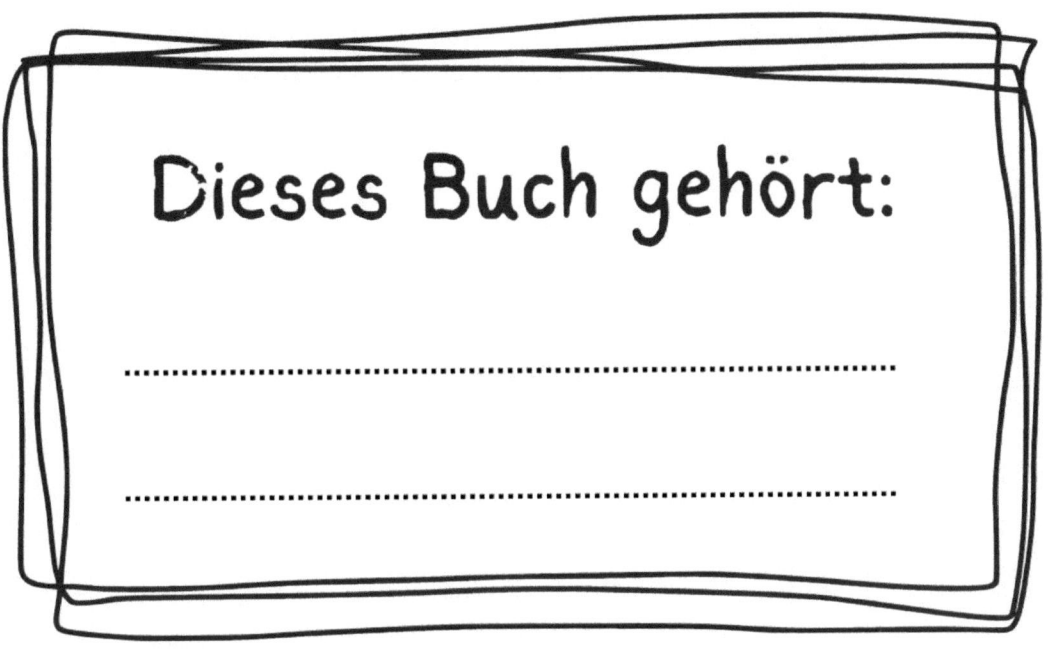

Dieses Buch gehört:

....

....

SUDOKU - 1

Leicht

4		7	5	8		9	1	3
	8		7	4	1	5		2
		5	6	3			8	
1		4	2	5	3	8		6
3	5	8	1	9			2	7
6	9	2			8	3		1
					4		7	
	4					1	3	5
7	3	1			5	2	4	9

SUDOKU - 2

Leicht

8		1	4		5	2		3
	6	2		9	3		1	
3				6	5	9		
	2	9		1	4			6
		3	7	6	8	1	2	
6	1	8	2	3		7		4
2	8		6		7		3	1
		5	3		1		4	2
1	3					8		5

SUDOKU - 3

Leicht

6	8		7				3	5
9				5	3		1	
			2	6	1	9		7
4		5	6	7	8	1	2	
8	3	6	1	4	2	5	7	9
	7			3	9		4	
2	6				7	4	5	
		4			6		9	2
7	4	8	9				6	1

SUDOKU - 4

Leicht

9				3	8	4	6	5
		5	2	9	4	1		
1	4		6	7	5	9	8	2
	9	6			1	3		8
	2			4	6	7	5	
4			3		9		2	1
		4	9			5	7	3
2	3		5	6		8		4
	5	8			3			

SUDOKU - 5

Leicht

	2	6		1				
		3	6			8	7	
4	7	8			5		1	
8	4		3	5		7		
3	5	2		9		1	4	8
7		9		8	4	3	2	5
	9	7	4	2	3		8	
	8		5	6		9	3	7
1	3	5		7	8			

SUDOKU - 6

Leicht

4	3	7			5		1	8
6	5	8		1		7	3	
2	9		3		8			
8	1	9	7	5	4	3		6
5	4	2		3	6	8	9	7
			9		2	5		1
1		4		9		2		
9					7		8	3
7	8		5		1	4	6	9

SUDOKU - 7

Leicht

	1			8			5	6
	9	3	7		6	8		
2	8				9	7	1	3
		1	9	6			8	4
	5	8	1	3	4	6		7
	4	2	5	7	8		3	9
	6		3	4	5		7	8
		5	6		7			
	2	7				3	6	5

SUDOKU - 8

Leicht

	4				8	3		
3	1			4		9	8	6
	8	2			6	7	4	5
		4	8	6	9		7	3
5	7	6	4	1				
8	9	3		2	5		1	4
2	6	9	3	8	4	1	5	
7		8					6	9
			6	9			3	2

SUDOKU - 9

Leicht

4		7	3		6	5		1
	3		4			2	7	6
9	6		1		2	8	4	3
			7		4		1	2
6	7	4			8			
3	1	2	6	9		4		7
		3	5	4	1	7		
7	4	6		2				9
	5	1	9				2	4

SUDOKU - 10

Leicht

4				6	1	2		
1	5	7		9	2			6
	2		5	4		1	3	9
9		6	1		3	5		8
2	3	5			9		7	1
	7	1	6		5	3	9	4
			5	4	8			
3	8	2				7	4	
	1	4		3		9	6	

SUDOKU - 11

Leicht

			3	8	5	2		
3		1	2	6	4	7	9	
	5	4				3		
1		8			3	6	2	7
6	2					9	4	
9	3		6	4			5	1
	9	6	7	3	1		8	
	1		9	2	8	4		
8	7	2	4		6	1	3	9

SUDOKU - 12

Leicht

9	2		3	8		7	5	
	7	5				8		4
			2			6	9	3
		9			2	4	8	
5	4	8	6			3	7	2
	3	2	4	5	8	1	6	9
4	6	7		2	3	5		8
8	9	1						
2				1		9	4	7

SUDOKU - 13

Leicht

9		7	3		1		6	4
		1	7	2	4			9
3				6	8	1	7	2
		5		7		2	9	
	7				2		8	
2	1		8	9	3		5	7
5	6	2		8	7	9		
7		3	2	4	5	6		
1	4			3	9		2	

SUDOKU - 14

Leicht

	2		6				5	8
	3	6	1		8		9	2
	9	7		4		3	1	
9	1	8	3				4	7
4	5		8		7	1		9
	7	2	4	1	9	5	8	3
	6	5		3	1		7	4
		9			5			1
		1	7		4		2	

SUDOKU - 15

Leicht

	2	5	4	1	8		6	3
1	8		9	3			7	5
	6			2	5	8	1	
2	7		8	4	3		5	
4			2		9	7		6
9	5		6	7	1	4	2	
8				6				
6	9		5		7			2
5		2	1		4	6		

SUDOKU - 16

Leicht

2	5	9		6			4	
8		3	4					
	4	6			5	8	2	9
5	6			1	4	3	9	2
9		4		5	2	6	8	7
3	8	2	6			4	5	
	9			4		5	7	8
4		8		7		9	3	6
7				8		2		

SUDOKU - 17

Leicht

2	5	9	3	1			4	
4	3		8	2	6	1		9
		8	9	4			2	
	4	3	1	7	2	9	8	5
	7	2	4	9	8			
	8				3	4	7	2
					9	2		
8	2	6				5	9	
7	9	5	2	6	4	8		1

SUDOKU - 18

Leicht

3	9	4	8			7	6	
7	2	5	9	3	6		1	8
8	1					3		
	7		5	8	3	2	4	1
1	3			9	4	8		7
5	4		1	2	7			
	6		2			5	8	
2	5	7		6			9	
4	8	1		5				

SUDOKU - 19

Leicht

							8	
9				8	3	7		
8	3	5		7		9	2	6
1		9					4	8
4	2	6	5	9	8	3		
5	8	3	7			6		2
3	4		6	2	7	8	5	9
6	5	8		4			3	7
		2	8	3	5	1		

SUDOKU - 20

Leicht

2						8	9	
	8	6	2	5		7		
	1		4	9				5
		1			5	6	7	8
			3	6	1	9		2
6	9		8	4		5	3	
3	4	5	6			1	2	7
8	2	9	7		4		5	
1		7	5	3	2		8	9

SUDOKU - 21

Leicht

4	2		8					5
		1	4		3	6	2	7
6	5	3	2	7		8		
5	7	2	3	6	4	1	8	
3		6	1	9		5		2
			5	2	7	3		
	6				5		1	3
	1			3		4		
9	3	4			1	2	5	6

SUDOKU - 22

Leicht

5							1	6
3		6				5	2	8
1	4	8	6	2			3	7
8	3	9		7	4	2	6	
			3	1	9	8	7	4
7	1		2	6	8			
9		7	1		2		4	3
2	6	1		9		7		
	5			8	6	1		2

SUDOKU - 23

Leicht

	4	5	9		8		2	
9				1			6	
6			4	2	5	7	8	9
				8	4	6	9	3
	7	9	6			4		
3	6		1	9				5
5		1	8	7	9		4	6
2	9	7	5		6	1		8
4				3	1	9		7

SUDOKU - 24

Leicht

	7			5			2	
1	8				2	7		5
	9	2	1	8	7		4	6
6	1	5	7			4		2
	2	9	6	1	4		7	8
	4			2		6		
2	3	1	5	4	6	9	8	
9	5	4	8				6	3
8				3	9	1	5	

SUDOKU - 25

Leicht

2		7				5	1	6
	3		2			4	8	9
	4			5		3		7
		3	8			6		2
4	8	2	6	3		1	9	
7	6	9		1	2	8	3	
	5	4		2	3		6	1
3	2		7			9	4	8
9			4	8			5	

SUDOKU - 26

Leicht

	7		8			9	6	5
			5				7	4
5	6		7	9			8	1
	3	6	2		7			9
8	9				3	6	2	7
		5	6	8	9	1		
3		7		6	8	5	1	2
6	1	2		7		4		8
				2	1	7	3	6

SUDOKU - 27

Leicht

	3		2	8	7	6		1
	7	5		3	9		8	4
1	8		4	6	5		3	9
3	5	8	7	4	6	9		2
2	6					8	4	
		9	8	5	2	3	6	
	9	3	6		4	5	2	
	4	6		2	8	1		3
		1	5	7				

SUDOKU - 28

Leicht

8	9	6	5	2		4		3
5	4	2		6	3	9		
1	3			9	4			6
		5	2		9			7
2	7		6		5	8		9
9					8	2		5
	6	9	7			3	8	
3	5	1	4	8	6	7	9	2
	2				1	6		4

SUDOKU - 29

Leicht

6			4		2	9		
2	1				7	3	6	4
			1		3		2	8
		3			6		5	2
5	2	4		7	8	1		6
	6	1	2		5	7	8	
1	8		7	3	9	2	4	
	5			2	4	8		7
	4		5	8		6		9

SUDOKU - 30

Leicht

9	6	2	7		3	5	4	1
	8			4	5			
	4					8	2	3
1					7	4		9
4		8	3	1	9	6	7	2
6	7	9	8	2	4			
2		6		7	8	9	1	
8				3		2		7
		5	4	9	2			8

SUDOKU - 31

Leicht

8			6	2				9
1	2	6	8		7		4	
7	5			4	1	6	8	2
5		8	2	1	9	4		
	6	1			8			7
				6		1	5	
6		3	1	8	2	5	7	
2		7		3	4	9	6	
4	1	5	9		6	8		3

SUDOKU - 32

Leicht

8	9	7		5				
4	2	1	7	6	9	5	8	
6		5				4	7	9
		9	4	3	7		1	
	7				6	3	4	5
2	4			1	8	9	6	
	1	4			5	7	9	2
9	5		1				3	4
	8	2	9	4	3	6		

SUDOKU - 33

Leicht

6	5	2		9	3	1	7	4
1		7	2	5	4			3
9			7		6	2	5	
5	6		1	7			4	
3	7	1	5		2			
2		8				7		
8	1	6		3		4		7
	2		4		1			9
4	9	3	6		7	5		1

SUDOKU - 34

Leicht

6	1	2	4					8
	9	5	6					3
7	4		9	5	8	2	6	1
	6	8	3	4			2	
2	7	1	5	8	6	3	4	9
9	3		2		7			6
				3	4	8	9	
				6		7	3	5
	2	7			5	6	1	4

SUDOKU - 35

Leicht

2	8			5	4	1		
5	1	6		2	3	8	7	4
4	3		7					6
		1	4	6	2	5	9	
6	9	2		3		7		
8	5	4	1	9	7	3	6	2
1	2	5				9		7
			5	7	1	4		
				9				5

SUDOKU - 36

Leicht

	3			6	4			7
		4	7		8		9	3
8				1	6			4
	8		1	9	4	7	5	
	7	6	4		3	8	1	
1	4		8	7	5	3	6	2
	1	8	5	4	7	9		6
			8		2			1
	6		1	9	2	7		

SUDOKU - 37

Leicht

1	3	7	5	6	8	9	4	2
2	9	8				1	5	6
		5	2	1	9		7	8
	5		1			8		4
	4			5				3
7	8	3				5	6	1
	1				5		3	7
	2	6	7		1	4	8	
5	7	4		8	3			

SUDOKU - 38

Leicht

	3		9	2	6		4	5
7	6				4	3	1	9
9				1		8	6	
6	9	8	2	7	3			
1	2			4		6	9	3
3	5	4	1	6	9	2	8	7
4	8				2	9	7	
	1	9	7	3				
				9	1			

SUDOKU - 39

Leicht

	8				9			1
6	7	9		5	2	3	4	8
	5		4	3	8	9		
7	1	6					5	2
					5			4
2	4		6	8	1			
	9	1	8	2	7	4	3	6
			5	1	4	2	8	
8	2	4	3		6	1	7	

SUDOKU - 40

Leicht

2	9	4	6	8	1	7	5	3
		7	3		5	4		
5			4					2
	2					8		
4	3		9	6	7	2		5
	6	5	2	3	8	9		7
8			7		6	3	2	4
3	4				2	5		
9	7		5	4	3	6		1

SUDOKU - 41

Leicht

		6		7		1	5	
7	1	5	3	2	9			8
8			1				2	7
5	2	7	4	8	3	9	1	6
1	8				2	5		4
	6	9	7			2		
					8		3	
9		8	2	3	1	7	6	
3	5		6		7	8	9	1

SUDOKU - 42

Leicht

6			9		3	5	4	8
		2			5		9	6
8	5		4		1	3		
5		3			2	6		4
2	6	4			7		1	
		8		9	4		3	
4	2		5		9	7		
7	8		2	4	6	9	5	3
9	3		7		8	4	6	

SUDOKU - 43

Leicht

7		4	3				9	8
9				4		6		1
8	1	6		9		4	7	
	5				4	7	8	6
1	4		7		6		5	9
6	8		9		5	2		
	9			5	3	8		7
5	6		1			9	4	2
4	7	8	6	2	9			

SUDOKU - 44

Leicht

3	6	7		1		9	8	
5	1	9			8	4		6
		2	6			3		1
6	7	1		5	2		9	
9				8	6		3	
		3	9	4		6		
2	9	8	7	6	1		4	
7		6			5	1		
1	5	4	8	2	3	7	6	

SUDOKU - 45

Leicht

8		5	3	4	9	2	7	
9	6	2	8	5	7	4	3	1
	3			2	6	8		
	2				5	3	9	8
			2				6	7
3	5	6	9			1		4
2	4		7		3		1	5
		1			2		4	
			6	1	4	7		2

SUDOKU - 46

Leicht

		6	9	5	3		2	
2		5	4	6	7	3	1	
3		4			8	5		7
9	2	8		3				5
5			8		2	1		
4	6	1		9		2	8	3
			3	2	4		7	1
1		2		8	9	6	3	
8		3	1		6	9	5	

SUDOKU - 47

Leicht

8	2	3		9		6		
4		5		8			2	7
6	7	9	1		5	8		3
9	8	6	3	4	1			
	5		9				8	1
1	3	2	8		7	4	6	9
	9	8					7	
5		7		3		1	9	6
		1			9	5	3	

SUDOKU - 48

Leicht

3		7		2		1		8
1	5	9	4			7	3	2
8	2	6		1	3		4	9
5	6		8	7	9	4	2	3
4	7				1	8		
9	8	3	5		2		1	7
		8					5	
	9		1	5	8		7	
			6		4	2		

SUDOKU - 49

Leicht

2	4						8	5
8			2	4	5			7
9	7	5			8		6	
6			3	7		2	5	4
	2	7	4	8	6		1	9
3	1	4	5		9	8		6
1		2			3	6		8
	9	8	6	1				3
	3			5	2		9	1

SUDOKU - 50

Leicht

5		3				6	2	1
4	2		3		6		7	
8		6	9	2	1			
9	1			7			5	6
6	8	7		3		2		4
	4	5				1		
7		8	5	6		4		
	5	9		1	3	7		8
1	6	4	2	8	7		3	5

SUDOKU - 1

Mittelschwer

7		5				3	1	
4	8		2		1	6	9	
2		1		7	3		4	5
9	1	8	4				7	
3		2		8				6
	5	7			2	9		
5	3	9	7	1	6			
		4	3	2	8	5	6	9
8	2		5		4		3	1

SUDOKU - 2

Mittelschwer

	1	2	4	6	9	5		3
4	5	9		2		6		
	7		1	8		9	2	
2	3	1		7				5
	8	6	5	9		1		2
		5	2			8		
	2		6	1			5	9
1	9	8	7			2		6
			9		2	3	1	8

SUDOKU - 3

Mittelschwer

3	4	7			8		1	
6	9		4	7		5		
	5		6	9	3	4		8
9			8		4		5	
	8		1	6	5	9		4
4		5	9		7			1
	7			8	2	1	9	6
	3	9		4		2	8	
	6						4	7

SUDOKU - 4

Mittelschwer

	6		5	4	1	8	2	7
		1	2	6	8		9	
5	8						1	6
		8		3		2	4	9
6	2		8	5				3
1	3	9	4	7	2		6	
			3			7		
3	4	7	6			9		1
2					7			

SUDOKU - 5

Mittelschwer

	9		1		8			5
		4	2	9		6		
8	1		4				2	9
3	7	8	6		4		9	
		5	3		1		8	6
4	6		9		5	2		
6	5	9	7			8	3	4
		3	5		9	1	6	
1	4	7	8		6			

SUDOKU - 6

Mittelschwer

	4							7
1	2		6	8	7	4		5
	6				4	2	1	9
	7	4	5		6	9		
5		1	2					
9				4	1		5	
	9		1	6	3		4	8
6	5		4	7		1	2	
4	1	3	8	2	5	7		

SUDOKU - 7

Mittelschwer

	1	4	8	3	9	6	7	
		9	4		5	8		1
8	2	3						5
9	5			1	8		6	
	6	8			2		5	7
			6	5			8	9
4			2	8	1		9	6
2			3		6	5	1	
	9		5			3	2	8

SUDOKU - 8

Mittelschwer

2		8	1		6	4		7
	6	7	2		9		1	5
5	9	1		3	7			8
9		4			5		7	3
7	1		8				2	
3	2			9			8	4
6		9					5	2
		2	5	6	8			9
8	5	3		7		6	4	

SUDOKU - 9

Mittelschwer

4				7	9	6	5	
9	7	2		6		8	4	1
5		6					9	2
3		5	4	9	7	2	8	
2		4	5					
7		8	6	1	2	5		4
8	2			5			6	7
		7	9	8	6			5
			7			9	1	

SUDOKU - 10

Mittelschwer

4		7	1	8	5			9
9				4			1	8
		8	9	6	2	5	4	
	7	9	5	1	4		2	3
				7	8	9		4
5	4	6	3		9			
1		2		9	7		3	
	8			5	1		9	2
7	9		2		6		8	5

SUDOKU - 11

Mittelschwer

		4	9	6	2			7
9				8			5	
7		8		4		6	9	
	2	6		7			3	
8			6	2	3	7	4	1
	3	7		9	4	8		
6		9	2	5		3	1	
5	8	3			6		7	
2			8		9			

SUDOKU - 12

Mittelschwer

6			1		4	2	8	9
	3				9			6
8		9		5	2	7	1	
				7			3	
	6			2			7	4
2		7			1		6	8
3	2		4	6	5		9	
			2	9	7		4	1
	9		8	1	3	6		

SUDOKU - 13

Mittelschwer

	5			8	2	3	7	4
	7	8		6		9	2	1
	9			7	1			5
5	2			3	6		4	
	8			1		2		
4	3		2		8	7		6
8			6	9	7		3	2
		3	8	2	5		1	9
9					3			7

SUDOKU - 14

Mittelschwer

8	9					1		5
2	6	5	1	9			4	
1	4		5		8	7	9	2
6	7	9	2	8			3	1
4	2			1		6		
3	5	1	9		6		8	
			3		9			
9			6	5		3	7	
			8	7	1		2	6

SUDOKU - 15

Mittelschwer

		9		4	1			6
4		6	9	2		5		3
		1	5	6	3	8	4	9
	6	4		9				2
	9			1		3	6	
1					4	7	9	
8	1	2				6	5	7
9					6	4		
		7		5		9	3	1

SUDOKU - 16

Mittelschwer

		2	3	1		4		
5	9	1		7	4			6
4	3	8		9				
	6	5	4		9		3	2
9		7	5			1	6	4
	2	4		6		9		
	4			3	7		5	9
		3			8	6	1	
	1	9		5	6			3

SUDOKU - 17

Mittelschwer

			5		3	8		4
7		6		1			5	3
		5	9	4		1		6
		9	4		1		3	
2	5	1		9				8
3	7		2		5	6	1	9
4		7		5	8	3	9	
5		8			4			7
1			7		9		8	

SUDOKU - 18

Mittelschwer

8			6		7	1		9
					4	5	6	
	4	6	1		2		3	
6				2	3	9	1	
	3			6	9	4		8
	2	9			8	3	7	6
2	1	7	3	8	5	6	9	
	9			4			8	1
	6	8	9		1			3

SUDOKU - 19

Mittelschwer

1	9	2	5	8	4	3	6	7
			7	1		5	9	8
8	7			3				4
2		3	6					
7	1	9	2	4				5
		8	3	5	9	7	1	2
6		1		9	7		5	
9		4	8			2	7	1
	8			2	3	9		

SUDOKU - 20

Mittelschwer

	2	4			9	7		1
1	8	5				3		9
3		9	4	8	1	6		
7	9			1	4	5	6	8
		1	9		8			2
8	4			6	7	1		
2		7	8	4	5	9		
	3	8	1			2		
9	5			2	3	8		

SUDOKU - 21

Mittelschwer

		9		1	5	3	6	
8	1	4		3		5		2
	3		9	2		7		1
6		5	3	4		1	2	7
1	2	8	6			9		3
7	4			9	1	8		6
		7	4			2		
9				6			7	
4			5			6	3	9

SUDOKU - 22

Mittelschwer

		4	3	7			6	
8	9		5	2		3	1	
3		5		1	6			2
9			6			5	2	
				5	9	6	7	
6	5	7				1	8	
7	2	3		9	1			6
1	6	9	2	4		7	3	8
	4	8	7	6	3			1

SUDOKU - 23

Mittelschwer

7				8	9		5	
8	4		1	3	5	2	7	
9	1	5	7	2	6	8		
6	5	9	8		1		2	3
	8			5		9	6	
3		1	6	9				8
2	9	4	5		3			7
		7	2	6				
	6			7		3	1	2

SUDOKU - 24

Mittelschwer

	9	8	1		3		2	
6	1	2	7		9	5		
5			2			8	9	
		4	8	3	7	9		2
7		5			2	1		4
9		3		4	1	6		8
		9	4		6		8	5
		1		2			6	7
	4		3	7		2		9

SUDOKU - 25

Mittelschwer

			7	6	3		9	2
		6	8			4	5	
7	2		5			8	3	
1	6	9	4		7		2	
	7			2	6	9	1	
2	4	3					7	8
6				3	4	7	8	9
	3		6		5	2		1
				7		3	6	

SUDOKU - 26

Mittelschwer

9	3		7		6	4		8
	7	4			1	6		
6	8			9				3
5		8	1	4	7	3		2
3	1	7	9	6	2	5	8	4
4	2		8				6	
	4	6		3	9			
7		3			8	2		
8	5	2		7				

SUDOKU - 27

Mittelschwer

4	6		2	5	8			
1				4	9	2		
	9	2	1		6	7	8	
2	7		3	8		4		
						9		3
	1	3	9	2	4	8		7
9	5		8	6		1		
7	2			9	3	6		8
		6	4		2		7	9

SUDOKU - 28

Mittelschwer

			8	9		2	5	
8	5		1		6			
		1		2	5		6	8
1	9	3	5		2			
2		4	9	7			1	
5	8		6	1	4		9	
6		8	7		9		2	
4	1	5	2	6	8			9
7				3	1	5	8	6

SUDOKU - 29

Mittelschwer

9	3			1		8	7	4
			8	2	4	6	9	3
6			9		7	5	2	1
2		3			1	9	6	8
	9	6			3	1	4	2
1	4	8	2	9	6	3		7
		7	1	5			3	
4	2	9						5
	5			7				

SUDOKU - 30

Mittelschwer

1		7		3	4	6	5	9
			9	7		8		1
6	9	8		5			3	4
3		6	2				8	
2	7	5	6		8	9		
			3	4	7	2	6	5
		4			1	3	7	2
7		1	4		3		9	8
		2				4	1	

SUDOKU - 31

Mittelschwer

1	3		9		8	4		
	7		1	3		9	8	
8		5	2	7		6		3
4	5		8	2	1			9
	8	1	3	4	7		2	6
		3	6	5		1		8
5	6	7	4	8		2		1
	4	9					6	7
			7	9	6		5	

SUDOKU - 32

Mittelschwer

4	3	7						1
	9		5		1	3		4
6			8	3	4	7	9	2
	4		9	8	7	6	2	5
8	5	2	3	1		9	4	7
		9			2	1	8	
9		6				5	1	8
5				9		2		
	8	3	6	2				9

SUDOKU - 33

Mittelschwer

		3			5		4	
6	4				3		5	
5	9	1			6			3
		4	5		7	2	6	
9	2		4					5
3	5	7	9		2		8	
	3	9	6		4		2	
4	8		7			3	9	
7	6	2	3		9	4	1	8

SUDOKU - 34

Mittelschwer

2	7	9					1	4
5	6			4	3			
3		8			1		5	7
	5		2	3				9
9	8		4	1	7		6	2
6			5	8	9	1	7	3
	1		3			2	9	5
	9		6	5	8	7		1
7		5	1		2		4	

SUDOKU - 35

Mittelschwer

			6	4				3
9	3	4			5	2	7	6
6				3	2	8	4	
5	4	8		7	1	6	3	9
7	9		4	8			1	2
1				6		4	8	7
	5			9	4			
4			3			7		
3		1	7	2	8	5		

SUDOKU - 36

Mittelschwer

5	3	6		1		2		8
2	9		3			5		
1		8	9	2		4	3	6
4	5	9		3	2	6		1
					1	3		9
7	1	3	6					
			8					
	2	5	7		4			3
			1	5	6	9	2	4

SUDOKU - 37

Mittelschwer

9	7	1	3		6	2	5	
4		5	9	8	2			
		3		7	5	4	6	
	7	6						
	1	8	7				4	
	9		8	5			1	3
	5		2	6				4
	8	4			3	6	9	
	3	6	4		7	8	2	5

SUDOKU - 38

Mittelschwer

2	6				8	3	5	4
	8	9	4	3	5			
		5			1		8	
			3	7	6		9	5
9			1		2	4	3	7
						1	2	6
	4		5		9			3
3			8					1
5	1	7		2	3		4	8

SUDOKU - 39

Mittelschwer

2		7	1		8	6	5	
		1	2	9	7	8		3
	9	3	5		6		7	
	6	9	7	8	2	4		5
5	8	4	9	6			2	7
7	1		4		3		6	8
		8		7	9			1
9								
1	3				4		9	6

SUDOKU - 40

Mittelschwer

		6	5	1		3		8
	1	5			4	7	9	2
3			2	9	8	1	5	
1	3	2	9	7	6	5	8	4
		8	1	4	2	9	6	
4							7	
	8	1		5				7
			7	2				
7	2	3	8	6	9	4		

SUDOKU - 41

Mittelschwer

1			2	3		4	8	
		4			9	2		
2				4	8			1
5		2	3	9		8	1	
		6	4		1	3		5
8				2		9		4
4		8		7		6	5	2
		5	8		2	7	4	9
6	2	7	9		4		3	8

SUDOKU - 42

Mittelschwer

6	3			9		5		
				5	8			
5	4	8	1	2	3		7	9
2	7	4	9	1	6		5	3
1	5	6	3	8	2			
	8				4	1	2	
4						2		1
3	2	7	8					5
8	1	5		6			3	4

SUDOKU - 43

Mittelschwer

		9	8	5	7	1	6	4
6	8	4		1	9			2
7		5			6		9	8
9	4	8		7			1	
1	6	7		8	3		4	5
3								9
			1	6	2		8	7
8	7			3	4		2	
5		6	7	9		4	3	

SUDOKU - 44

Mittelschwer

2			7		1	5		
					9		6	1
	9	6		5		8		4
9	7	4		1			5	2
8		1	9				4	
6			4	2	7	9		
3	1	5	2			6		
7	6		1	9	3	4	8	5
4		9		7				3

SUDOKU - 45

Mittelschwer

7	3		8	2	6			4
	1	6	7	5	3	8		2
8			9	1	4	7	3	
3	4	7			5	2	6	
					2	4		5
6	2	5	4	7	8	3	1	9
	9	4	3	6	7	5		
1		8					2	3
	6				1			

SUDOKU - 46

Mittelschwer

		6	5	4	9			
4	3	8	7	2	1	6	5	9
5	1	9	8		3	4	7	2
1	9	2	4		6		3	
				3	7	2		
		3				8		
	4	1	6				2	7
2	6	7					8	4
9				7	4			

SUDOKU - 47

Mittelschwer

6	8	2	1	9		3		
		3	6	8	5			1
1	4	5		3		6	9	
	2	1	7					6
		7	4	1		5		2
	5					7	1	4
			9		2	1		3
2			5				7	9
9	3	6				2	4	

SUDOKU - 48

Mittelschwer

2	8	4	5		1	7	9	
	1	7		6	9		4	
9				8	4	5	2	
	4	8			2	3		9
1				5	7	4	6	
6	2	5	9	4				8
3	5		1		6		8	4
	7	2	3		8			
8		1	4			9	3	7

SUDOKU - 49

Mittelschwer

6			4	3	8		1	
		2				4	3	9
	4		5	2		8	6	7
8				4				1
		4	9	1		2		5
9	2	1	3			6	7	
2	1	6	7	5	3	9	4	8
	7	9	8		2		5	3
3	5	8					2	6

SUDOKU - 50

Mittelschwer

3	2		8		4			9
				7			4	2
	4	1			3		6	
6				1	8	5		3
	7	8		6	2	4		1
	3	4		9	5		8	
2	1	7	5	8	9		3	
	6			4	7		5	
	8	5	1		6		2	7

SUDOKU - 1

Schwer

	6					1	9	2
	2		8	1	9	7		4
9	1	7		4				3
8		2	9		4			1
	9		5				3	
	4	6	1					
	3	5					8	
			6	8		3		5
			3	2	5	9		7

SUDOKU - 2

Schwer

6	4		9					3
	3	5						
9				5	4	6	8	2
		3	4	9	6	2		8
	2			1	3	7		4
4		6			2	1		9
			1		8	4	7	
8	6							1
			7		9		2	

SUDOKU - 3

Schwer

3		6		8			5	1
				3		2	6	7
	5	4		6	1	9		
9		5		4	8			3
4					2		9	
6	2	7			3			
5		3	1	9	4			
1			8	2			4	
		2		5			1	

SUDOKU - 4

Schwer

5						8		7
		7					1	6
	1	8		6	3		4	
			1		7			4
	2	1		3				8
7			2	5	8		6	
		9		1	4		5	2
	7		6	2		4	8	3
3		2	8	7				

SUDOKU - 5

Schwer

		6	3	8	4		9	1
		8		9	5	2		6
9		5	6		1			
3		1		5	9		7	
	9			3		8	5	
5	6	4				3		
6				4		1		5
			9			4	6	
4	1	7				9	2	8

SUDOKU - 6

Schwer

8	2	9	4	3	1	7	6	5
1		3						8
			6				3	
	3					5		
			5	9	3			6
6	5	4				2	1	9
	1		5		3			4
	9		4		8			
5		6		2	8		7	

SUDOKU - 7

Schwer

8	7	6			9		3	
2				8	4		1	
4		1				5		
	2		1	9	8		4	
					5	7		
		8	4	7	2			3
	6						2	7
9	8	3	2		7		6	1
7	1		8	4				

SUDOKU - 8

Schwer

	4	1	9			6		
8			3					9
5	6	9		1	2		8	3
1	3	6			8	5	2	
				4	5	8		
		8	2		1			
				7				5
9		5	1			4	7	
2		4		6	9	3		

SUDOKU - 9

Schwer

	1	4	9		8	2		7
	5		7	4		9		6
2	7		1			3		
1		6			7	5	2	
		8	4					3
	2				5	1	4	
		2	5		4	6	3	
			2		3		9	
		5			9		7	

SUDOKU - 10

Schwer

6				1			8	
4	7				3			
	1		8	4	7		3	
9			7	2		8	5	
2	3		6				4	9
8		1	9		4			
	4			9			7	8
3	8		4	7			1	
	9			5	8		6	

SUDOKU - 11

Schwer

			5			9	8	3
	8	9	7	2				
6				8	9	7		
1			6	5				9
8					2	5	3	
				4			1	6
	7	8	4		1	6		
3	6	2						
9	1	4	2	7	6	3		

SUDOKU - 12

Schwer

2	3		8					1
7		6				8	2	
8		4						7
5	9	3	1	8			7	
6		8	7					
	7		5		9	3	8	
				5	8		6	
3		5	4	9		2		8
4		7		1			9	

SUDOKU - 13

Schwer

6	5	7	3			2		8
					2	5	7	
8	1	2	5		6	9	4	3
		5	7				8	
7					1			9
		6			5	3		
5	2	9			7		6	
		8	2		9	1	3	
	6			5				

SUDOKU - 14

Schwer

	4	8	7			9	2	
9				2	6		1	
	6			9	1	7	5	4
		3	9	1	4	6	7	
6	2		5				4	9
		9					8	
2				1	6			5
	3	6	2	8			9	
8		1	3	4	9	2		

SUDOKU - 15

Schwer

2	7				5	9		8
5	9	6	1		4			
	4	8	9					
4			7		6	8		9
		7				6	1	
		9		4	1		5	7
1		5			8	4	9	
	6	2		1	3	7	8	
		4		6			3	2

SUDOKU - 16

Schwer

4	7	2	5				6	3
6	9		3	2	7	4		
	5			1			7	9
				3	2	6		1
1	6		9			3	2	
7	2							4
					6	7	3	
2		7						6
5	4	6			3			

SUDOKU - 17

Schwer

7				1	3	2	6	
	2		7		4	5	1	3
	4					8	7	9
				2	8	7		
		7	6		9	4		
1			4	7		9	8	
		6	9		1		2	
9					2		4	
4		2	5				9	

SUDOKU - 18

Schwer

					5			3
	8	3	1	4	7	6		2
2		7			8	4		
8					1		3	9
		9		7	3	5		6
7	3	6		5	2	1	8	4
	9	8	3	1		2		
3							6	8
	6		7		9			

SUDOKU - 19

Schwer

	2	1	4					
	7					5	3	
			7					
9		7	2	5				3
2			8	1	6	9		
	5			9	7		2	4
5				4	9		8	
	1		6	2	8	3	9	
		8	5	3	1	4		2

SUDOKU - 20

Schwer

	7	8		3	6		4	
5			4		7			3
		3						6
1				5	4			
		2		6	1		3	
	3		7	2			8	1
			6	1		4	9	8
3	4	1			8			2
8		6	2		5		1	

SUDOKU - 21

Schwer

		2	1					4
	3	4			9	6		1
8			4	5		7		9
2		6						7
4	1			2	7	5		6
9	7		5	4		2		3
1		7		8				5
6		5		9	4	1		
3			7	1				2

SUDOKU - 22

Schwer

				9	5		4	
5		8		4	2			
		2	8			1		
6		3		1		2	5	4
	4	7	5		3	9		8
2	5		4				7	
			2		4	6	1	
		1	6	5	9			
		4	3	7				9

SUDOKU - 23

Schwer

2		9					4	3
	4	3	9					
6	8	7		4	3			9
	1	6	7		4	3		
3			8		9		1	
8	7	4			2	6	9	5
				3	6	8		1
4	3			7	1		2	6
			2			5		

SUDOKU - 24

Schwer

3			1		9			8
				6		4	3	1
	1	2		8			6	
8		4		7	2		9	
				3	1		4	2
	3	1		9		8		
	2			5	8	9		6
1				2	6		8	
	4		9		7	3		

SUDOKU - 25

Schwer

8		3			9	7	1	2
7	2	5		3			9	
6		1	8		7			
1	6				3	5		8
	8	4	9	7	5		6	3
	5				6	4	2	
			7	9		2		
4								
9	3			1			8	7

SUDOKU - 26

Schwer

9			3	6	5	8		
8	7	1	4			6		
	3	6		8		9		2
								9
			6	1	3	4		7
					8	2	6	
1	5		8	9	4	3		
3	4			7			9	8
6		8	5					

SUDOKU - 27

Schwer

1	9	8	7	6		5	2	
	3	5		8	4		6	
					2			3
3		7	9		8	2	5	
					5	9		
4		9		7			3	8
	8	1	4	2		3		
			8		1			
9			6	5				1

SUDOKU - 28

Schwer

6	5						9	
1	3	4		2	9		8	
		7		3	5		4	2
	6						1	4
8				7			6	
4		5		6		9	3	
	4		3					6
3		6	4	8		1	5	9
		8			6			3

SUDOKU - 29

Schwer

	7			1		5	8	2
5	9	8						6
6				5		3		7
						9	7	
	4		9	8		2		
9			1	7		6		4
			2			8	5	3
8	5	7				4	2	
2	3			9			6	1

SUDOKU - 30

Schwer

	2			4	8	6	5	
				1	6	3		
6				5		9	2	
	4	6		9			1	
				6	7	2		
5		2		3	4		8	6
	7			2	1	8	3	
		9	3		5			2
2	8				9		6	5

SUDOKU - 31

Schwer

1			9			8		
	9		5				4	3
		7	4		6		9	
2	1		8		9		6	4
			1			5	8	
		8			3	9		
7		3	6		5			9
4		2	3		1	6	7	
	6		7		8			5

SUDOKU - 32

Schwer

			7	5	6	8	9	3
	9			2		1		6
	6		1			5		7
6	2	1		8				4
3	7	9						5
5		4	3	7		6	1	
	5			1		7		
	1	7	2		5			
				4				1

SUDOKU - 33

Schwer

4		1	6	3	7	8		2
8			4			6	9	
	3			9	5			
	8	5					1	
	4		7			2	8	5
2			5				6	
		3				1	4	8
	6		1	8		7		9
1			9			5	3	

SUDOKU - 34

Schwer

7		2		8				
9	8		6					
	1	5	7	4	2	6	8	9
1	3	8			6		9	7
	2		3					8
		6	9			3		
6					1		4	
	4		5		3	9	7	6
2					7		5	

SUDOKU - 35

Schwer

	3					8	1	6
8			3	7			5	9
	2		7	8				4
				5	4		7	
	4	6		9	2	5	3	8
2			9	4				3
4	1	3	5	6	8	7	9	
	6	8	2					

SUDOKU - 36

Schwer

		2	1					8
3	1		2		8	4	7	
8					4	2	3	
		4	5		1		8	7
	9		7		2	6	4	
5		7			6	1		9
	6	8	3		5	7	1	2
7	3			2	9	8		
						9		3

SUDOKU - 37

Schwer

7	1		4	2	9			5
9		6			5	4		7
3	5		1			8		
1	8				6			
	6			7	1	9		4
		5	3				6		1
					4			6
5				8	2	1		
6		2	9			5	7	

SUDOKU - 38

Schwer

	3	2		4			6	9
	7	9	2	6		4	5	
6			9	7		1		
		8	4				2	3
3		5	8	1				
			5	3			1	
9		3		5				1
			6	8		3		4
8		1	3					5

SUDOKU - 39

Schwer

5		2		3	1		4	9
1	9			5		3		
3	7			2	4	5	1	
	1			4	6	2		7
7	2		1	8		6		
	4		5				9	
2				9		8		1
	6	9		1				5
4	3	1				9	7	

SUDOKU - 40

Schwer

	7	6				3		
					7			
		2	4	8		7		6
3					5	9	1	
6	2	7	1	9	4			3
5			7				6	2
2	8	3					9	4
1	6				3	2		
7		4	8		2	6		

SUDOKU - 41

Schwer

			1			7		
4				9		8	2	1
2	7				5	9		4
	2	4	9	1				
		8			3			
		3	2					
	3			7	1	4	6	9
1			4	6		3	8	5
5	4	6		3		2		7

SUDOKU - 42

Schwer

9			7	1	5			6
6		7		8			4	5
		3			6			
		2	6				7	4
	6		3				9	2
7	4			2		6		
4		9	1	3		5	6	7
5		6				4		8
			5		4	3		

SUDOKU - 43

Schwer

	2							
8	4		7			6		9
	5	9	1	8	6			
	9		6		5		1	
5	3				8		7	
1			4	9	3	5		8
6	1	2	9	3	7	4	8	5
			8		4	1		
								7

SUDOKU - 44

Schwer

	1			2		7		4
4		3				9	6	8
8	6				3		5	1
7	9	4	2	3		5	1	
	3			4				
2	8		7					3
		2				6		
	4	8	9		2	3		
		9	5	6				2

SUDOKU - 45

Schwer

2			9				5	
						4		
	8		7			9	3	2
5		8						9
9				7		2	4	5
	7		5				8	
8	9	1	3	2		5	6	
		5	1	4	6	7	9	8
	4	7	8		9			

SUDOKU - 46

Schwer

	4	7			2		5	
5	8	6		4	7	2	1	9
	1		5			6		
6	7		9	2		4	3	
	5			3	4	7		2
	2		7					8
			1			9		
7		1		5	6			4
	3			8				6

SUDOKU - 47

Schwer

7	9	4	1		6		2	
		5	8		9	7		6
		8			5			
	4		5	6	8		7	1
	5	7	2		4	8		3
	2	6		7	1			
	7						1	9
	6		9		2		8	7
	8	3		1		4		

SUDOKU - 48

Schwer

	9		3	1				2
	5			4				8
8							4	9
	2	5	6	9	1			
7	8			3	5	2	1	6
4						3	9	5
		2		7				1
1		8				4		7
5		7	1		2	9		3

SUDOKU - 49

Schwer

	7	4	6	3	5		8	
9		5	8			6		4
	6	8			9	2		5
6	5		7				2	9
				9	2			
		2				8		
			1		3			
8	4		2				6	3
		7	9	6	8	5		2

SUDOKU - 50

Schwer

		2			8	3		1
				4			6	8
8	5		3		6		4	
2			8	3	4	6	7	
		8	1		7			
	4						8	3
6		5						
9		3	4	8			5	6
	7	4	6	5	2		3	

Lösungen

SUDOKU - 1 (Lösung)

Leicht

4	6	7	5	8	2	9	1	3
9	8	3	7	4	1	5	6	2
2	1	5	6	3	9	7	8	4
1	7	4	2	5	3	8	9	6
3	5	8	1	9	6	4	2	7
6	9	2	4	7	8	3	5	1
5	2	9	3	1	4	6	7	8
8	4	6	9	2	7	1	3	5
7	3	1	8	6	5	2	4	9

SUDOKU - 2 (Lösung)

Leicht

8	9	1	4	7	5	2	6	3
5	6	2	8	9	3	4	1	7
3	4	7	1	2	6	5	9	8
7	2	9	5	1	4	3	8	6
4	5	3	7	6	8	1	2	9
6	1	8	2	3	9	7	5	4
2	8	4	6	5	7	9	3	1
9	7	5	3	8	1	6	4	2
1	3	6	9	4	2	8	7	5

SUDOKU - 3 (Lösung)

Leicht

6	8	1	7	9	4	2	3	5
9	2	7	8	5	3	6	1	4
3	5	4	2	6	1	9	8	7
4	9	5	6	7	8	1	2	3
8	3	6	1	4	2	5	7	9
1	7	2	5	3	9	8	4	6
2	6	9	3	1	7	4	5	8
5	1	3	4	8	6	7	9	2
7	4	8	9	2	5	3	6	1

SUDOKU - 4 (Lösung)

Leicht

9	7	2	1	3	8	4	6	5
8	6	5	2	9	4	1	3	7
1	4	3	6	7	5	9	8	2
5	9	6	7	2	1	3	4	8
3	2	1	8	4	6	7	5	9
4	8	7	3	5	9	6	2	1
6	1	4	9	8	2	5	7	3
2	3	9	5	6	7	8	1	4
7	5	8	4	1	3	2	9	6

SUDOKU - 5 (Lösung)

Leicht

9	2	6	8	1	7	4	5	3
5	1	3	6	4	9	8	7	2
4	7	8	2	3	5	6	1	9
8	4	1	3	5	2	7	9	6
3	5	2	7	9	6	1	4	8
7	6	9	1	8	4	3	2	5
6	9	7	4	2	3	5	8	1
2	8	4	5	6	1	9	3	7
1	3	5	9	7	8	2	6	4

SUDOKU - 6 (Lösung)

Leicht

4	3	7	2	6	5	9	1	8
6	5	8	4	1	9	7	3	2
2	9	1	3	7	8	6	5	4
8	1	9	7	5	4	3	2	6
5	4	2	1	3	6	8	9	7
3	7	6	9	8	2	5	4	1
1	6	4	8	9	3	2	7	5
9	2	5	6	4	7	1	8	3
7	8	3	5	2	1	4	6	9

SUDOKU - 7 (Lösung)

Leicht

7	1	4	2	8	3	9	5	6
5	9	3	7	1	6	8	4	2
2	8	6	4	5	9	7	1	3
3	7	1	9	6	2	5	8	4
9	5	8	1	3	4	6	2	7
6	4	2	5	7	8	1	3	9
1	6	9	3	4	5	2	7	8
8	3	5	6	2	7	4	9	1
4	2	7	8	9	1	3	6	5

SUDOKU - 8 (Lösung)

Leicht

6	4	5	9	7	8	3	2	1
3	1	7	5	4	2	9	8	6
9	8	2	1	3	6	7	4	5
1	2	4	8	6	9	5	7	3
5	7	6	4	1	3	2	9	8
8	9	3	7	2	5	6	1	4
2	6	9	3	8	4	1	5	7
7	3	8	2	5	1	4	6	9
4	5	1	6	9	7	8	3	2

SUDOKU - 9 (Lösung)

Leicht

4	2	7	3	8	6	5	9	1
1	3	8	4	5	9	2	7	6
9	6	5	1	7	2	8	4	3
5	8	9	7	3	4	6	1	2
6	7	4	2	1	8	9	3	5
3	1	2	6	9	5	4	8	7
2	9	3	5	4	1	7	6	8
7	4	6	8	2	3	1	5	9
8	5	1	9	6	7	3	2	4

SUDOKU - 10 (Lösung)

Leicht

4	9	3	8	6	1	2	5	7
1	5	7	3	9	2	4	8	6
6	2	8	5	4	7	1	3	9
9	4	6	1	7	3	5	2	8
2	3	5	4	8	9	6	7	1
8	7	1	6	2	5	3	9	4
7	6	9	2	5	4	8	1	3
3	8	2	9	1	6	7	4	5
5	1	4	7	3	8	9	6	2

SUDOKU - 11 (Lösung)

Leicht

7	6	9	3	8	5	2	1	4
3	8	1	2	6	4	7	9	5
2	5	4	1	7	9	3	6	8
1	4	8	5	9	3	6	2	7
6	2	5	8	1	7	9	4	3
9	3	7	6	4	2	8	5	1
4	9	6	7	3	1	5	8	2
5	1	3	9	2	8	4	7	6
8	7	2	4	5	6	1	3	9

SUDOKU - 12 (Lösung)

Leicht

9	2	6	3	8	4	7	5	1
3	7	5	1	6	9	8	2	4
1	8	4	2	7	5	6	9	3
6	1	9	7	3	2	4	8	5
5	4	8	6	9	1	3	7	2
7	3	2	4	5	8	1	6	9
4	6	7	9	2	3	5	1	8
8	9	1	5	4	7	2	3	6
2	5	3	8	1	6	9	4	7

SUDOKU - 13 (Lösung)

Leicht

9	2	7	3	5	1	8	6	4
6	8	1	7	2	4	5	3	9
3	5	4	9	6	8	1	7	2
8	3	5	4	7	6	2	9	1
4	7	9	5	1	2	3	8	6
2	1	6	8	9	3	4	5	7
5	6	2	1	8	7	9	4	3
7	9	3	2	4	5	6	1	8
1	4	8	6	3	9	7	2	5

SUDOKU - 14 (Lösung)

Leicht

1	2	4	6	9	3	7	5	8
5	3	6	1	7	8	4	9	2
8	9	7	5	4	2	3	1	6
9	1	8	3	5	6	2	4	7
4	5	3	8	2	7	1	6	9
6	7	2	4	1	9	5	8	3
2	6	5	9	3	1	8	7	4
7	4	9	2	8	5	6	3	1
3	8	1	7	6	4	9	2	5

SUDOKU - 15 (Lösung)

Leicht

7	2	5	4	1	8	9	6	3
1	8	4	9	3	6	2	7	5
3	6	9	7	2	5	8	1	4
2	7	6	8	4	3	1	5	9
4	1	8	2	5	9	7	3	6
9	5	3	6	7	1	4	2	8
8	4	7	3	6	2	5	9	1
6	9	1	5	8	7	3	4	2
5	3	2	1	9	4	6	8	7

SUDOKU - 16 (Lösung)

Leicht

2	5	9	1	6	8	7	4	3
8	7	3	4	2	9	1	6	5
1	4	6	7	3	5	8	2	9
5	6	7	8	1	4	3	9	2
9	1	4	3	5	2	6	8	7
3	8	2	6	9	7	4	5	1
6	9	1	2	4	3	5	7	8
4	2	8	5	7	1	9	3	6
7	3	5	9	8	6	2	1	4

SUDOKU - 17 (Lösung)

Leicht

2	5	9	3	1	7	6	4	8
4	3	7	8	2	6	1	5	9
1	6	8	9	4	5	7	2	3
6	4	3	1	7	2	9	8	5
5	7	2	4	9	8	3	1	6
9	8	1	6	5	3	4	7	2
3	1	4	5	8	9	2	6	7
8	2	6	7	3	1	5	9	4
7	9	5	2	6	4	8	3	1

SUDOKU - 18 (Lösung)

Leicht

3	9	4	8	1	2	7	6	5
7	2	5	9	3	6	4	1	8
8	1	6	7	4	5	3	2	9
6	7	9	5	8	3	2	4	1
1	3	2	6	9	4	8	5	7
5	4	8	1	2	7	9	3	6
9	6	3	2	7	1	5	8	4
2	5	7	4	6	8	1	9	3
4	8	1	3	5	9	6	7	2

SUDOKU - 19 (Lösung)

Leicht

2	1	7	9	5	6	4	8	3
9	6	4	2	8	3	7	1	5
8	3	5	4	7	1	9	2	6
1	7	9	3	6	2	5	4	8
4	2	6	5	9	8	3	7	1
5	8	3	7	1	4	6	9	2
3	4	1	6	2	7	8	5	9
6	5	8	1	4	9	2	3	7
7	9	2	8	3	5	1	6	4

SUDOKU - 20 (Lösung)

Leicht

2	5	4	1	7	6	8	9	3
9	8	6	2	5	3	7	1	4
7	1	3	4	9	8	2	6	5
4	3	1	9	2	5	6	7	8
5	7	8	3	6	1	9	4	2
6	9	2	8	4	7	5	3	1
3	4	5	6	8	9	1	2	7
8	2	9	7	1	4	3	5	6
1	6	7	5	3	2	4	8	9

SUDOKU - 21 (Lösung)

Leicht

4	2	7	8	1	6	9	3	5
8	9	1	4	5	3	6	2	7
6	5	3	2	7	9	8	4	1
5	7	2	3	6	4	1	8	9
3	4	6	1	9	8	5	7	2
1	8	9	5	2	7	3	6	4
2	6	8	9	4	5	7	1	3
7	1	5	6	3	2	4	9	8
9	3	4	7	8	1	2	5	6

SUDOKU - 22 (Lösung)

Leicht

5	9	2	8	3	7	4	1	6
3	7	6	9	4	1	5	2	8
1	4	8	6	2	5	9	3	7
8	3	9	5	7	4	2	6	1
6	2	5	3	1	9	8	7	4
7	1	4	2	6	8	3	5	9
9	8	7	1	5	2	6	4	3
2	6	1	4	9	3	7	8	5
4	5	3	7	8	6	1	9	2

SUDOKU - 23 (Lösung)

Leicht

7	4	5	9	6	8	3	2	1
9	2	8	3	1	7	5	6	4
6	1	3	4	2	5	7	8	9
1	5	2	7	8	4	6	9	3
8	7	9	6	5	3	4	1	2
3	6	4	1	9	2	8	7	5
5	3	1	8	7	9	2	4	6
2	9	7	5	4	6	1	3	8
4	8	6	2	3	1	9	5	7

SUDOKU - 24 (Lösung)

Leicht

4	7	6	9	5	3	8	2	1
1	8	3	4	6	2	7	9	5
5	9	2	1	8	7	3	4	6
6	1	5	7	9	8	4	3	2
3	2	9	6	1	4	5	7	8
7	4	8	3	2	5	6	1	9
2	3	1	5	4	6	9	8	7
9	5	4	8	7	1	2	6	3
8	6	7	2	3	9	1	5	4

SUDOKU - 25 (Lösung)

Leicht

2	9	7	3	4	8	5	1	6
1	3	5	2	7	6	4	8	9
6	4	8	1	5	9	3	2	7
5	1	3	8	9	4	6	7	2
4	8	2	6	3	7	1	9	5
7	6	9	5	1	2	8	3	4
8	5	4	9	2	3	7	6	1
3	2	1	7	6	5	9	4	8
9	7	6	4	8	1	2	5	3

SUDOKU - 26 (Lösung)

Leicht

4	7	1	8	3	2	9	6	5
2	8	9	5	1	6	3	7	4
5	6	3	7	9	4	2	8	1
1	3	6	2	4	7	8	5	9
8	9	4	1	5	3	6	2	7
7	2	5	6	8	9	1	4	3
3	4	7	9	6	8	5	1	2
6	1	2	3	7	5	4	9	8
9	5	8	4	2	1	7	3	6

SUDOKU - 27 (Lösung)

Leicht

9	3	4	2	8	7	6	5	1
6	7	5	1	3	9	2	8	4
1	8	2	4	6	5	7	3	9
3	5	8	7	4	6	9	1	2
2	6	7	3	9	1	8	4	5
4	1	9	8	5	2	3	6	7
7	9	3	6	1	4	5	2	8
5	4	6	9	2	8	1	7	3
8	2	1	5	7	3	4	9	6

SUDOKU - 28 (Lösung)

Leicht

8	9	6	5	2	7	4	1	3
5	4	2	1	6	3	9	7	8
1	3	7	8	9	4	5	2	6
6	8	5	2	4	9	1	3	7
2	7	3	6	1	5	8	4	9
9	1	4	3	7	8	2	6	5
4	6	9	7	5	2	3	8	1
3	5	1	4	8	6	7	9	2
7	2	8	9	3	1	6	5	4

SUDOKU - 29 (Lösung)

Leicht

6	3	8	4	5	2	9	7	1
2	1	5	8	9	7	3	6	4
4	9	7	1	6	3	5	2	8
8	7	3	9	1	6	4	5	2
5	2	4	3	7	8	1	9	6
9	6	1	2	4	5	7	8	3
1	8	6	7	3	9	2	4	5
3	5	9	6	2	4	8	1	7
7	4	2	5	8	1	6	3	9

SUDOKU - 30 (Lösung)

Leicht

9	6	2	7	8	3	5	4	1
3	8	1	2	4	5	7	9	6
5	4	7	9	6	1	8	2	3
1	2	3	6	5	7	4	8	9
4	5	8	3	1	9	6	7	2
6	7	9	8	2	4	1	3	5
2	3	6	5	7	8	9	1	4
8	9	4	1	3	6	2	5	7
7	1	5	4	9	2	3	6	8

SUDOKU - 31 (Lösung)

Leicht

8	3	4	6	2	5	7	1	9
1	2	6	8	9	7	3	4	5
7	5	9	3	4	1	6	8	2
5	7	8	2	1	9	4	3	6
3	6	1	4	5	8	2	9	7
9	4	2	7	6	3	1	5	8
6	9	3	1	8	2	5	7	4
2	8	7	5	3	4	9	6	1
4	1	5	9	7	6	8	2	3

SUDOKU - 32 (Lösung)

Leicht

8	9	7	3	5	4	1	2	6
4	2	1	7	6	9	5	8	3
6	3	5	8	2	1	4	7	9
5	6	9	4	3	7	2	1	8
1	7	8	2	9	6	3	4	5
2	4	3	5	1	8	9	6	7
3	1	4	6	8	5	7	9	2
9	5	6	1	7	2	8	3	4
7	8	2	9	4	3	6	5	1

SUDOKU - 33 (Lösung)

Leicht

6	5	2	8	9	3	1	7	4
1	8	7	2	5	4	9	6	3
9	3	4	7	1	6	2	5	8
5	6	9	1	7	8	3	4	2
3	7	1	5	4	2	8	9	6
2	4	8	3	6	9	7	1	5
8	1	6	9	3	5	4	2	7
7	2	5	4	8	1	6	3	9
4	9	3	6	2	7	5	8	1

SUDOKU - 34 (Lösung)

Leicht

6	1	2	4	7	3	9	5	8
8	9	5	6	2	1	4	7	3
7	4	3	9	5	8	2	6	1
5	6	8	3	4	9	1	2	7
2	7	1	5	8	6	3	4	9
9	3	4	2	1	7	5	8	6
1	5	6	7	3	4	8	9	2
4	8	9	1	6	2	7	3	5
3	2	7	8	9	5	6	1	4

SUDOKU - 35 (Lösung)

Leicht

2	8	7	6	5	4	1	3	9
5	1	6	9	2	3	8	7	4
4	3	9	7	1	8	2	5	6
3	7	1	4	6	2	5	9	8
6	9	2	8	3	5	7	4	1
8	5	4	1	9	7	3	6	2
1	2	5	3	4	6	9	8	7
9	6	8	5	7	1	4	2	3
7	4	3	2	8	9	6	1	5

SUDOKU - 36 (Lösung)

Leicht

9	3	1	2	6	4	5	8	7
6	2	4	7	5	8	1	9	3
8	5	7	9	3	1	6	2	4
3	8	2	6	1	9	4	7	5
5	7	6	4	2	3	8	1	9
1	4	9	8	7	5	3	6	2
2	1	8	5	4	7	9	3	6
7	9	5	3	8	6	2	4	1
4	6	3	1	9	2	7	5	8

SUDOKU - 37 (Lösung)

Leicht

1	3	7	5	6	8	9	4	2
2	9	8	3	7	4	1	5	6
4	6	5	2	1	9	3	7	8
6	5	2	1	3	7	8	9	4
9	4	1	8	5	6	7	2	3
7	8	3	9	4	2	5	6	1
8	1	9	4	2	5	6	3	7
3	2	6	7	9	1	4	8	5
5	7	4	6	8	3	2	1	9

SUDOKU - 38 (Lösung)

Leicht

8	3	1	9	2	6	7	4	5
7	6	2	5	8	4	3	1	9
9	4	5	3	1	7	8	6	2
6	9	8	2	7	3	1	5	4
1	2	7	8	4	5	6	9	3
3	5	4	1	6	9	2	8	7
4	8	3	6	5	2	9	7	1
5	1	9	7	3	8	4	2	6
2	7	6	4	9	1	5	3	8

SUDOKU - 39 (Lösung)

Leicht

4	8	3	7	6	9	5	2	1
6	7	9	1	5	2	3	4	8
1	5	2	4	3	8	9	6	7
7	1	6	9	4	3	8	5	2
9	3	8	2	7	5	6	1	4
2	4	5	6	8	1	7	9	3
5	9	1	8	2	7	4	3	6
3	6	7	5	1	4	2	8	9
8	2	4	3	9	6	1	7	5

SUDOKU - 40 (Lösung)

Leicht

2	9	4	6	8	1	7	5	3
6	1	7	3	2	5	4	9	8
5	8	3	4	7	9	1	6	2
7	2	9	1	5	4	8	3	6
4	3	8	9	6	7	2	1	5
1	6	5	2	3	8	9	4	7
8	5	1	7	9	6	3	2	4
3	4	6	8	1	2	5	7	9
9	7	2	5	4	3	6	8	1

SUDOKU - 41 (Lösung)

Leicht

2	3	6	8	7	4	1	5	9
7	1	5	3	2	9	6	4	8
8	9	4	1	5	6	3	2	7
5	2	7	4	8	3	9	1	6
1	8	3	9	6	2	5	7	4
4	6	9	7	1	5	2	8	3
6	7	1	5	9	8	4	3	2
9	4	8	2	3	1	7	6	5
3	5	2	6	4	7	8	9	1

SUDOKU - 42 (Lösung)

Leicht

6	1	7	9	2	3	5	4	8
3	4	2	8	7	5	1	9	6
8	5	9	4	6	1	3	2	7
5	9	3	1	8	2	6	7	4
2	6	4	3	5	7	8	1	9
1	7	8	6	9	4	2	3	5
4	2	6	5	3	9	7	8	1
7	8	1	2	4	6	9	5	3
9	3	5	7	1	8	4	6	2

SUDOKU - 43 (Lösung)

Leicht

7	2	4	3	6	1	5	9	8
9	3	5	8	4	7	6	2	1
8	1	6	5	9	2	4	7	3
3	5	9	2	1	4	7	8	6
1	4	2	7	8	6	3	5	9
6	8	7	9	3	5	2	1	4
2	9	1	4	5	3	8	6	7
5	6	3	1	7	8	9	4	2
4	7	8	6	2	9	1	3	5

SUDOKU - 44 (Lösung)

Leicht

3	6	7	5	1	4	9	8	2
5	1	9	2	3	8	4	7	6
4	8	2	6	7	9	3	5	1
6	7	1	3	5	2	8	9	4
9	4	5	1	8	6	2	3	7
8	2	3	9	4	7	6	1	5
2	9	8	7	6	1	5	4	3
7	3	6	4	9	5	1	2	8
1	5	4	8	2	3	7	6	9

SUDOKU - 45 (Lösung)

Leicht

8	1	5	3	4	9	2	7	6
9	6	2	8	5	7	4	3	1
7	3	4	1	2	6	8	5	9
1	2	7	4	6	5	3	9	8
4	8	9	2	3	1	5	6	7
3	5	6	9	7	8	1	2	4
2	4	8	7	9	3	6	1	5
6	7	1	5	8	2	9	4	3
5	9	3	6	1	4	7	8	2

SUDOKU - 46 (Lösung)

Leicht

7	1	6	9	5	3	4	2	8
2	8	5	4	6	7	3	1	9
3	9	4	2	1	8	5	6	7
9	2	8	6	3	1	7	4	5
5	3	7	8	4	2	1	9	6
4	6	1	7	9	5	2	8	3
6	5	9	3	2	4	8	7	1
1	7	2	5	8	9	6	3	4
8	4	3	1	7	6	9	5	2

SUDOKU - 47 (Lösung)

Leicht

8	2	3	7	9	4	6	1	5
4	1	5	6	8	3	9	2	7
6	7	9	1	2	5	8	4	3
9	8	6	3	4	1	7	5	2
7	5	4	9	6	2	3	8	1
1	3	2	8	5	7	4	6	9
3	9	8	5	1	6	2	7	4
5	4	7	2	3	8	1	9	6
2	6	1	4	7	9	5	3	8

SUDOKU - 48 (Lösung)

Leicht

3	4	7	9	2	5	1	6	8
1	5	9	4	8	6	7	3	2
8	2	6	7	1	3	5	4	9
5	6	1	8	7	9	4	2	3
4	7	2	3	6	1	8	9	5
9	8	3	5	4	2	6	1	7
6	1	8	2	3	7	9	5	4
2	9	4	1	5	8	3	7	6
7	3	5	6	9	4	2	8	1

SUDOKU - 49 (Lösung)

Leicht

2	4	3	9	6	7	1	8	5
8	6	1	2	4	5	9	3	7
9	7	5	1	3	8	4	6	2
6	8	9	3	7	1	2	5	4
5	2	7	4	8	6	3	1	9
3	1	4	5	2	9	8	7	6
1	5	2	7	9	3	6	4	8
7	9	8	6	1	4	5	2	3
4	3	6	8	5	2	7	9	1

SUDOKU - 50 (Lösung)

Leicht

5	9	3	7	4	8	6	2	1
4	2	1	3	5	6	8	7	9
8	7	6	9	2	1	5	4	3
9	1	2	8	7	4	3	5	6
6	8	7	1	3	5	2	9	4
3	4	5	6	9	2	1	8	7
7	3	8	5	6	9	4	1	2
2	5	9	4	1	3	7	6	8
1	6	4	2	8	7	9	3	5

SUDOKU - 1 (Lösung)

Mittelschwer

7	6	5	8	4	9	3	1	2
4	8	3	2	5	1	6	9	7
2	9	1	6	7	3	8	4	5
9	1	8	4	6	5	2	7	3
3	4	2	9	8	7	1	5	6
6	5	7	1	3	2	9	8	4
5	3	9	7	1	6	4	2	8
1	7	4	3	2	8	5	6	9
8	2	6	5	9	4	7	3	1

SUDOKU - 2 (Lösung)

Mittelschwer

8	1	2	4	6	9	5	7	3
4	5	9	3	2	7	6	8	1
6	7	3	1	8	5	9	2	4
2	3	1	8	7	6	4	9	5
7	8	6	5	9	4	1	3	2
9	4	5	2	3	1	8	6	7
3	2	4	6	1	8	7	5	9
1	9	8	7	5	3	2	4	6
5	6	7	9	4	2	3	1	8

SUDOKU - 3 (Lösung)

Mittelschwer

3	4	7	2	5	8	6	1	9
6	9	8	4	7	1	5	3	2
2	5	1	6	9	3	4	7	8
9	1	6	8	2	4	7	5	3
7	8	3	1	6	5	9	2	4
4	2	5	9	3	7	8	6	1
5	7	4	3	8	2	1	9	6
1	3	9	7	4	6	2	8	5
8	6	2	5	1	9	3	4	7

SUDOKU - 4 (Lösung)

Mittelschwer

9	6	3	5	4	1	8	2	7
4	7	1	2	6	8	3	9	5
5	8	2	7	9	3	4	1	6
7	5	8	1	3	6	2	4	9
6	2	4	8	5	9	1	7	3
1	3	9	4	7	2	5	6	8
8	9	6	3	1	4	7	5	2
3	4	7	6	2	5	9	8	1
2	1	5	9	8	7	6	3	4

SUDOKU - 5 (Lösung)

Mittelschwer

7	9	2	1	6	8	3	4	5
5	3	4	2	9	7	6	1	8
8	1	6	4	5	3	7	2	9
3	7	8	6	2	4	5	9	1
9	2	5	3	7	1	4	8	6
4	6	1	9	8	5	2	7	3
6	5	9	7	1	2	8	3	4
2	8	3	5	4	9	1	6	7
1	4	7	8	3	6	9	5	2

SUDOKU - 6 (Lösung)

Mittelschwer

3	4	5	9	1	2	8	6	7
1	2	9	6	8	7	4	3	5
8	6	7	3	5	4	2	1	9
2	7	4	5	3	6	9	8	1
5	3	1	2	9	8	6	7	4
9	8	6	7	4	1	3	5	2
7	9	2	1	6	3	5	4	8
6	5	8	4	7	9	1	2	3
4	1	3	8	2	5	7	9	6

SUDOKU - 7 (Lösung)

Mittelschwer

5	1	4	8	3	9	6	7	2
6	7	9	4	2	5	8	3	1
8	2	3	1	6	7	9	4	5
9	5	2	7	1	8	4	6	3
3	6	8	9	4	2	1	5	7
7	4	1	6	5	3	2	8	9
4	3	5	2	8	1	7	9	6
2	8	7	3	9	6	5	1	4
1	9	6	5	7	4	3	2	8

SUDOKU - 8 (Lösung)

Mittelschwer

2	3	8	1	5	6	4	9	7
4	6	7	2	8	9	3	1	5
5	9	1	4	3	7	2	6	8
9	8	4	6	2	5	1	7	3
7	1	5	8	4	3	9	2	6
3	2	6	7	9	1	5	8	4
6	7	9	3	1	4	8	5	2
1	4	2	5	6	8	7	3	9
8	5	3	9	7	2	6	4	1

SUDOKU - 9 (Lösung)

Mittelschwer

4	8	1	2	7	9	6	5	3
9	7	2	3	6	5	8	4	1
5	3	6	8	4	1	7	9	2
3	1	5	4	9	7	2	8	6
2	6	4	5	3	8	1	7	9
7	9	8	6	1	2	5	3	4
8	2	9	1	5	3	4	6	7
1	4	7	9	8	6	3	2	5
6	5	3	7	2	4	9	1	8

SUDOKU - 10 (Lösung)

Mittelschwer

4	2	7	1	8	5	3	6	9
9	6	5	7	4	3	2	1	8
3	1	8	9	6	2	5	4	7
8	7	9	5	1	4	6	2	3
2	3	1	6	7	8	9	5	4
5	4	6	3	2	9	8	7	1
1	5	2	8	9	7	4	3	6
6	8	3	4	5	1	7	9	2
7	9	4	2	3	6	1	8	5

SUDOKU - 11 (Lösung)

Mittelschwer

3	5	4	9	6	2	1	8	7
9	6	2	7	8	1	4	5	3
7	1	8	3	4	5	6	9	2
4	2	6	1	7	8	9	3	5
8	9	5	6	2	3	7	4	1
1	3	7	5	9	4	8	2	6
6	4	9	2	5	7	3	1	8
5	8	3	4	1	6	2	7	9
2	7	1	8	3	9	5	6	4

SUDOKU - 12 (Lösung)

Mittelschwer

6	7	5	1	3	4	2	8	9
1	3	2	7	8	9	4	5	6
8	4	9	6	5	2	7	1	3
4	1	8	9	7	6	5	3	2
9	6	3	5	2	8	1	7	4
2	5	7	3	4	1	9	6	8
3	2	1	4	6	5	8	9	7
5	8	6	2	9	7	3	4	1
7	9	4	8	1	3	6	2	5

SUDOKU - 13 (Lösung)

Mittelschwer

1	5	6	9	8	2	3	7	4
3	7	8	5	6	4	9	2	1
2	9	4	3	7	1	8	6	5
5	2	9	7	3	6	1	4	8
6	8	7	4	1	9	2	5	3
4	3	1	2	5	8	7	9	6
8	1	5	6	9	7	4	3	2
7	4	3	8	2	5	6	1	9
9	6	2	1	4	3	5	8	7

SUDOKU - 14 (Lösung)

Mittelschwer

8	9	7	4	3	2	1	6	5
2	6	5	1	9	7	8	4	3
1	4	3	5	6	8	7	9	2
6	7	9	2	8	5	4	3	1
4	2	8	7	1	3	6	5	9
3	5	1	9	4	6	2	8	7
7	8	6	3	2	9	5	1	4
9	1	2	6	5	4	3	7	8
5	3	4	8	7	1	9	2	6

SUDOKU - 15 (Lösung)

Mittelschwer

3	5	9	8	4	1	2	7	6
4	8	6	9	2	7	5	1	3
2	7	1	5	6	3	8	4	9
7	6	4	3	9	5	1	8	2
5	9	8	7	1	2	3	6	4
1	2	3	6	8	4	7	9	5
8	1	2	4	3	9	6	5	7
9	3	5	1	7	6	4	2	8
6	4	7	2	5	8	9	3	1

SUDOKU - 16 (Lösung)

Mittelschwer

6	7	2	3	1	5	4	9	8
5	9	1	8	7	4	3	2	6
4	3	8	6	9	2	5	7	1
1	6	5	4	8	9	7	3	2
9	8	7	5	2	3	1	6	4
3	2	4	7	6	1	9	8	5
8	4	6	1	3	7	2	5	9
2	5	3	9	4	8	6	1	7
7	1	9	2	5	6	8	4	3

SUDOKU - 17 (Lösung)

Mittelschwer

9	1	2	5	6	3	8	7	4
7	4	6	8	1	2	9	5	3
8	3	5	9	4	7	1	2	6
6	8	9	4	7	1	5	3	2
2	5	1	3	9	6	7	4	8
3	7	4	2	8	5	6	1	9
4	2	7	6	5	8	3	9	1
5	9	8	1	3	4	2	6	7
1	6	3	7	2	9	4	8	5

SUDOKU - 18 (Lösung)

Mittelschwer

8	5	2	6	3	7	1	4	9
1	7	3	8	9	4	5	6	2
9	4	6	1	5	2	8	3	7
6	8	4	7	2	3	9	1	5
7	3	1	5	6	9	4	2	8
5	2	9	4	1	8	3	7	6
2	1	7	3	8	5	6	9	4
3	9	5	2	4	6	7	8	1
4	6	8	9	7	1	2	5	3

SUDOKU - 19 (Lösung)

Mittelschwer

1	9	2	5	8	4	3	6	7
3	4	6	7	1	2	5	9	8
8	7	5	9	3	6	1	2	4
2	5	3	6	7	1	4	8	9
7	1	9	2	4	8	6	3	5
4	6	8	3	5	9	7	1	2
6	2	1	4	9	7	8	5	3
9	3	4	8	6	5	2	7	1
5	8	7	1	2	3	9	4	6

SUDOKU - 20 (Lösung)

Mittelschwer

6	2	4	3	5	9	7	8	1
1	8	5	6	7	2	3	4	9
3	7	9	4	8	1	6	2	5
7	9	3	2	1	4	5	6	8
5	6	1	9	3	8	4	7	2
8	4	2	5	6	7	1	9	3
2	1	7	8	4	5	9	3	6
4	3	8	1	9	6	2	5	7
9	5	6	7	2	3	8	1	4

SUDOKU - 21 (Lösung)

Mittelschwer

2	7	9	8	1	5	3	6	4
8	1	4	7	3	6	5	9	2
5	3	6	9	2	4	7	8	1
6	9	5	3	4	8	1	2	7
1	2	8	6	5	7	9	4	3
7	4	3	2	9	1	8	5	6
3	6	7	4	8	9	2	1	5
9	5	2	1	6	3	4	7	8
4	8	1	5	7	2	6	3	9

SUDOKU - 22 (Lösung)

Mittelschwer

2	1	4	3	7	8	9	6	5
8	9	6	5	2	4	3	1	7
3	7	5	9	1	6	8	4	2
9	3	1	6	8	7	5	2	4
4	8	2	1	5	9	6	7	3
6	5	7	4	3	2	1	8	9
7	2	3	8	9	1	4	5	6
1	6	9	2	4	5	7	3	8
5	4	8	7	6	3	2	9	1

SUDOKU - 23 (Lösung)

Mittelschwer

7	2	3	4	8	9	1	5	6
8	4	6	1	3	5	2	7	9
9	1	5	7	2	6	8	3	4
6	5	9	8	4	1	7	2	3
4	8	2	3	5	7	9	6	1
3	7	1	6	9	2	5	4	8
2	9	4	5	1	3	6	8	7
1	3	7	2	6	8	4	9	5
5	6	8	9	7	4	3	1	2

SUDOKU - 24 (Lösung)

Mittelschwer

4	9	8	1	5	3	7	2	6
6	1	2	7	8	9	5	4	3
5	3	7	2	6	4	8	9	1
1	6	4	8	3	7	9	5	2
7	8	5	6	9	2	1	3	4
9	2	3	5	4	1	6	7	8
2	7	9	4	1	6	3	8	5
3	5	1	9	2	8	4	6	7
8	4	6	3	7	5	2	1	9

SUDOKU - 25 (Lösung)

Mittelschwer

4	8	5	7	6	3	1	9	2
3	9	6	8	1	2	4	5	7
7	2	1	5	4	9	8	3	6
1	6	9	4	8	7	5	2	3
5	7	8	3	2	6	9	1	4
2	4	3	9	5	1	6	7	8
6	5	2	1	3	4	7	8	9
8	3	7	6	9	5	2	4	1
9	1	4	2	7	8	3	6	5

SUDOKU - 26 (Lösung)

Mittelschwer

9	3	5	7	2	6	4	1	8
2	7	4	3	8	1	6	5	9
6	8	1	4	9	5	7	2	3
5	6	8	1	4	7	3	9	2
3	1	7	9	6	2	5	8	4
4	2	9	8	5	3	1	6	7
1	4	6	2	3	9	8	7	5
7	9	3	5	1	8	2	4	6
8	5	2	6	7	4	9	3	1

SUDOKU - 27 (Lösung)

Mittelschwer

4	6	7	2	5	8	3	9	1
1	3	8	7	4	9	2	6	5
5	9	2	1	3	6	7	8	4
2	7	9	3	8	5	4	1	6
8	4	5	6	7	1	9	2	3
6	1	3	9	2	4	8	5	7
9	5	4	8	6	7	1	3	2
7	2	1	5	9	3	6	4	8
3	8	6	4	1	2	5	7	9

SUDOKU - 28 (Lösung)

Mittelschwer

3	4	6	8	9	7	2	5	1
8	5	2	1	4	6	9	7	3
9	7	1	3	2	5	4	6	8
1	9	3	5	8	2	6	4	7
2	6	4	9	7	3	8	1	5
5	8	7	6	1	4	3	9	2
6	3	8	7	5	9	1	2	4
4	1	5	2	6	8	7	3	9
7	2	9	4	3	1	5	8	6

SUDOKU - 29 (Lösung)

Mittelschwer

9	3	2	6	1	5	8	7	4
7	1	5	8	2	4	6	9	3
6	8	4	9	3	7	5	2	1
2	7	3	5	4	1	9	6	8
5	9	6	7	8	3	1	4	2
1	4	8	2	9	6	3	5	7
8	6	7	1	5	2	4	3	9
4	2	9	3	6	8	7	1	5
3	5	1	4	7	9	2	8	6

SUDOKU - 30 (Lösung)

Mittelschwer

1	2	7	8	3	4	6	5	9
4	5	3	9	7	6	8	2	1
6	9	8	1	5	2	7	3	4
3	4	6	2	9	5	1	8	7
2	7	5	6	1	8	9	4	3
8	1	9	3	4	7	2	6	5
9	8	4	5	6	1	3	7	2
7	6	1	4	2	3	5	9	8
5	3	2	7	8	9	4	1	6

SUDOKU - 31 (Lösung)

Mittelschwer

1	3	2	9	6	8	4	7	5
6	7	4	1	3	5	9	8	2
8	9	5	2	7	4	6	1	3
4	5	6	8	2	1	7	3	9
9	8	1	3	4	7	5	2	6
7	2	3	6	5	9	1	4	8
5	6	7	4	8	3	2	9	1
3	4	9	5	1	2	8	6	7
2	1	8	7	9	6	3	5	4

SUDOKU - 32 (Lösung)

Mittelschwer

4	3	7	2	6	9	8	5	1
2	9	8	5	7	1	3	6	4
6	1	5	8	3	4	7	9	2
3	4	1	9	8	7	6	2	5
8	5	2	3	1	6	9	4	7
7	6	9	4	5	2	1	8	3
9	2	6	7	4	3	5	1	8
5	7	4	1	9	8	2	3	6
1	8	3	6	2	5	4	7	9

SUDOKU - 33 (Lösung)

Mittelschwer

2	7	3	8	9	5	6	4	1
6	4	8	1	7	3	9	5	2
5	9	1	2	4	6	8	7	3
8	1	4	5	3	7	2	6	9
9	2	6	4	1	8	7	3	5
3	5	7	9	6	2	1	8	4
1	3	9	6	8	4	5	2	7
4	8	5	7	2	1	3	9	6
7	6	2	3	5	9	4	1	8

SUDOKU - 34 (Lösung)

Mittelschwer

2	7	9	8	6	5	3	1	4
5	6	1	7	4	3	9	2	8
3	4	8	9	2	1	6	5	7
1	5	7	2	3	6	4	8	9
9	8	3	4	1	7	5	6	2
6	2	4	5	8	9	1	7	3
8	1	6	3	7	4	2	9	5
4	9	2	6	5	8	7	3	1
7	3	5	1	9	2	8	4	6

SUDOKU - 35 (Lösung)

Mittelschwer

8	1	2	6	4	7	9	5	3
9	3	4	8	1	5	2	7	6
6	7	5	9	3	2	8	4	1
5	4	8	2	7	1	6	3	9
7	9	6	4	8	3	1	2	5
1	2	3	5	6	9	4	8	7
2	5	7	1	9	4	3	6	8
4	8	9	3	5	6	7	1	2
3	6	1	7	2	8	5	9	4

SUDOKU - 36 (Lösung)

Mittelschwer

5	3	6	4	1	7	2	9	8
2	9	4	3	6	8	5	1	7
1	7	8	9	2	5	4	3	6
4	5	9	8	3	2	6	7	1
8	6	2	5	7	1	3	4	9
7	1	3	6	4	9	8	5	2
9	4	1	2	8	3	7	6	5
6	2	5	7	9	4	1	8	3
3	8	7	1	5	6	9	2	4

SUDOKU - 37 (Lösung)

Mittelschwer

9	7	1	3	4	6	2	5	8
4	6	5	9	8	2	3	7	1
8	2	3	1	7	5	4	6	9
5	4	7	6	3	1	9	8	2
3	1	8	7	2	9	5	4	6
6	9	2	8	5	4	7	1	3
7	5	9	2	6	8	1	3	4
2	8	4	5	1	3	6	9	7
1	3	6	4	9	7	8	2	5

SUDOKU - 38 (Lösung)

Mittelschwer

2	6	1	7	9	8	3	5	4
7	8	9	4	3	5	6	1	2
4	3	5	2	6	1	7	8	9
1	2	4	3	7	6	8	9	5
9	5	6	1	8	2	4	3	7
8	7	3	9	5	4	1	2	6
6	4	8	5	1	9	2	7	3
3	9	2	8	4	7	5	6	1
5	1	7	6	2	3	9	4	8

SUDOKU - 39 (Lösung)

Mittelschwer

2	4	7	1	3	8	6	5	9
6	5	1	2	9	7	8	4	3
8	9	3	5	4	6	1	7	2
3	6	9	7	8	2	4	1	5
5	8	4	9	6	1	3	2	7
7	1	2	4	5	3	9	6	8
4	2	8	6	7	9	5	3	1
9	7	6	3	1	5	2	8	4
1	3	5	8	2	4	7	9	6

SUDOKU - 40 (Lösung)

Mittelschwer

2	9	6	5	1	7	3	4	8
8	1	5	6	3	4	7	9	2
3	4	7	2	9	8	1	5	6
1	3	2	9	7	6	5	8	4
5	7	8	1	4	2	9	6	3
4	6	9	3	8	5	2	7	1
9	8	1	4	5	3	6	2	7
6	5	4	7	2	1	8	3	9
7	2	3	8	6	9	4	1	5

SUDOKU - 41 (Lösung)

Mittelschwer

1	5	9	2	3	6	4	8	7
7	8	4	5	1	9	2	6	3
2	6	3	7	4	8	5	9	1
5	4	2	3	9	7	8	1	6
9	7	6	4	8	1	3	2	5
8	3	1	6	2	5	9	7	4
4	9	8	1	7	3	6	5	2
3	1	5	8	6	2	7	4	9
6	2	7	9	5	4	1	3	8

SUDOKU - 42 (Lösung)

Mittelschwer

6	3	2	4	9	7	5	1	8
7	9	1	6	5	8	3	4	2
5	4	8	1	2	3	6	7	9
2	7	4	9	1	6	8	5	3
1	5	6	3	8	2	4	9	7
9	8	3	5	7	4	1	2	6
4	6	9	7	3	5	2	8	1
3	2	7	8	4	1	9	6	5
8	1	5	2	6	9	7	3	4

SUDOKU - 43 (Lösung)

Mittelschwer

2	3	9	8	5	7	1	6	4
6	8	4	3	1	9	7	5	2
7	1	5	4	2	6	3	9	8
9	4	8	2	7	5	6	1	3
1	6	7	9	8	3	2	4	5
3	5	2	6	4	1	8	7	9
4	9	3	1	6	2	5	8	7
8	7	1	5	3	4	9	2	6
5	2	6	7	9	8	4	3	1

SUDOKU - 44 (Lösung)

Mittelschwer

2	4	8	7	6	1	5	3	9
5	3	7	8	4	9	2	6	1
1	9	6	3	5	2	8	7	4
9	7	4	6	1	8	3	5	2
8	2	1	9	3	5	7	4	6
6	5	3	4	2	7	9	1	8
3	1	5	2	8	4	6	9	7
7	6	2	1	9	3	4	8	5
4	8	9	5	7	6	1	2	3

SUDOKU - 45 (Lösung)

Mittelschwer

7	3	9	8	2	6	1	5	4
4	1	6	7	5	3	8	9	2
8	5	2	9	1	4	7	3	6
3	4	7	1	9	5	2	6	8
9	8	1	6	3	2	4	7	5
6	2	5	4	7	8	3	1	9
2	9	4	3	6	7	5	8	1
1	7	8	5	4	9	6	2	3
5	6	3	2	8	1	9	4	7

SUDOKU - 46 (Lösung)

Mittelschwer

7	2	6	5	4	9	3	1	8
4	3	8	7	2	1	6	5	9
5	1	9	8	6	3	4	7	2
1	9	2	4	8	6	7	3	5
8	5	4	1	3	7	2	9	6
6	7	3	9	5	2	8	4	1
3	4	1	6	9	8	5	2	7
2	6	7	3	1	5	9	8	4
9	8	5	2	7	4	1	6	3

SUDOKU - 47 (Lösung)

Mittelschwer

6	8	2	1	9	4	3	5	7
7	9	3	6	8	5	4	2	1
1	4	5	2	3	7	6	9	8
4	2	1	7	5	8	9	3	6
3	6	7	4	1	9	5	8	2
8	5	9	3	2	6	7	1	4
5	7	8	9	4	2	1	6	3
2	1	4	5	6	3	8	7	9
9	3	6	8	7	1	2	4	5

SUDOKU - 48 (Lösung)

Mittelschwer

2	8	4	5	3	1	7	9	6
5	1	7	2	6	9	8	4	3
9	3	6	7	8	4	5	2	1
7	4	8	6	1	2	3	5	9
1	9	3	8	5	7	4	6	2
6	2	5	9	4	3	1	7	8
3	5	9	1	7	6	2	8	4
4	7	2	3	9	8	6	1	5
8	6	1	4	2	5	9	3	7

SUDOKU - 49 (Lösung)

Mittelschwer

6	9	7	4	3	8	5	1	2
5	8	2	6	7	1	4	3	9
1	4	3	5	2	9	8	6	7
8	6	5	2	4	7	3	9	1
7	3	4	9	1	6	2	8	5
9	2	1	3	8	5	6	7	4
2	1	6	7	5	3	9	4	8
4	7	9	8	6	2	1	5	3
3	5	8	1	9	4	7	2	6

SUDOKU - 50 (Lösung)

Mittelschwer

3	2	6	8	5	4	7	1	9
8	5	9	6	7	1	3	4	2
7	4	1	9	2	3	8	6	5
6	9	2	4	1	8	5	7	3
5	7	8	3	6	2	4	9	1
1	3	4	7	9	5	2	8	6
2	1	7	5	8	9	6	3	4
9	6	3	2	4	7	1	5	8
4	8	5	1	3	6	9	2	7

SUDOKU - 1 (Lösung)

Schwer

4	6	8	7	5	3	1	9	2
5	2	3	8	1	9	7	6	4
9	1	7	2	4	6	8	5	3
8	5	2	9	3	4	6	7	1
7	9	1	5	6	2	4	3	8
3	4	6	1	7	8	5	2	9
1	3	5	4	9	7	2	8	6
2	7	9	6	8	1	3	4	5
6	8	4	3	2	5	9	1	7

SUDOKU - 2 (Lösung)

Schwer

6	4	8	9	2	7	5	1	3
2	3	5	6	8	1	9	4	7
9	7	1	3	5	4	6	8	2
7	1	3	4	9	6	2	5	8
5	2	9	8	1	3	7	6	4
4	8	6	5	7	2	1	3	9
3	9	2	1	6	8	4	7	5
8	6	7	2	4	5	3	9	1
1	5	4	7	3	9	8	2	6

SUDOKU - 3 (Lösung)

Schwer

3	7	6	2	8	9	4	5	1
8	9	1	4	3	5	2	6	7
2	5	4	7	6	1	9	3	8
9	1	5	6	4	8	7	2	3
4	3	8	5	7	2	1	9	6
6	2	7	9	1	3	5	8	4
5	8	3	1	9	4	6	7	2
1	6	9	8	2	7	3	4	5
7	4	2	3	5	6	8	1	9

SUDOKU - 4 (Lösung)

Schwer

5	6	3	9	4	1	8	2	7
4	9	7	5	8	2	3	1	6
2	1	8	7	6	3	9	4	5
8	5	6	1	9	7	2	3	4
9	2	1	4	3	6	5	7	8
7	3	4	2	5	8	1	6	9
6	8	9	3	1	4	7	5	2
1	7	5	6	2	9	4	8	3
3	4	2	8	7	5	6	9	1

SUDOKU - 5 (Lösung)

Schwer

2	7	6	3	8	4	5	9	1
1	3	8	7	9	5	2	4	6
9	4	5	6	2	1	7	8	3
3	8	1	4	5	9	6	7	2
7	9	2	1	3	6	8	5	4
5	6	4	2	7	8	3	1	9
6	2	9	8	4	7	1	3	5
8	5	3	9	1	2	4	6	7
4	1	7	5	6	3	9	2	8

SUDOKU - 6 (Lösung)

Schwer

8	2	9	4	3	1	7	6	5
1	6	3	7	9	5	4	2	8
4	7	5	8	6	2	9	3	1
9	3	2	6	1	4	5	8	7
7	8	1	2	5	9	3	4	6
6	5	4	3	8	7	2	1	9
2	1	8	5	7	3	6	9	4
3	9	7	1	4	6	8	5	2
5	4	6	9	2	8	1	7	3

SUDOKU - 7 (Lösung)

Schwer

8	7	6	5	1	9	2	3	4
2	3	5	7	8	4	9	1	6
4	9	1	6	2	3	5	7	8
3	2	7	1	9	8	6	4	5
1	4	9	3	6	5	7	8	2
6	5	8	4	7	2	1	9	3
5	6	4	9	3	1	8	2	7
9	8	3	2	5	7	4	6	1
7	1	2	8	4	6	3	5	9

SUDOKU - 8 (Lösung)

Schwer

3	4	1	9	8	7	6	5	2
8	2	7	3	5	6	1	4	9
5	6	9	4	1	2	7	8	3
1	3	6	7	9	8	5	2	4
7	9	2	6	4	5	8	3	1
4	5	8	2	3	1	9	6	7
6	1	3	8	7	4	2	9	5
9	8	5	1	2	3	4	7	6
2	7	4	5	6	9	3	1	8

SUDOKU - 9 (Lösung)

Schwer

6	1	4	9	3	8	2	5	7
8	5	3	7	4	2	9	1	6
2	7	9	1	5	6	3	8	4
1	4	6	3	9	7	5	2	8
5	9	8	4	2	1	7	6	3
3	2	7	8	6	5	1	4	9
9	8	2	5	7	4	6	3	1
7	6	1	2	8	3	4	9	5
4	3	5	6	1	9	8	7	2

SUDOKU - 10 (Lösung)

Schwer

6	2	3	5	1	9	4	8	7
4	7	8	2	6	3	5	9	1
5	1	9	8	4	7	6	3	2
9	6	4	7	2	1	8	5	3
2	3	7	6	8	5	1	4	9
8	5	1	9	3	4	7	2	6
1	4	5	3	9	6	2	7	8
3	8	6	4	7	2	9	1	5
7	9	2	1	5	8	3	6	4

SUDOKU - 11 (Lösung)

Schwer

7	2	1	5	6	4	9	8	3
4	8	9	7	2	3	1	6	5
6	5	3	1	8	9	7	2	4
1	3	7	6	5	8	2	4	9
8	4	6	9	1	2	5	3	7
2	9	5	3	4	7	8	1	6
5	7	8	4	3	1	6	9	2
3	6	2	8	9	5	4	7	1
9	1	4	2	7	6	3	5	8

SUDOKU - 12 (Lösung)

Schwer

2	3	9	8	7	5	6	4	1
7	1	6	9	3	4	8	2	5
8	5	4	2	6	1	9	3	7
5	9	3	1	8	6	4	7	2
6	4	8	7	2	3	1	5	9
1	7	2	5	4	9	3	8	6
9	2	1	3	5	8	7	6	4
3	6	5	4	9	7	2	1	8
4	8	7	6	1	2	5	9	3

SUDOKU - 13 (Lösung)

Schwer

6	5	7	3	9	4	2	1	8
9	3	4	8	1	2	5	7	6
8	1	2	5	7	6	9	4	3
2	9	5	7	4	3	6	8	1
7	8	3	6	2	1	4	5	9
1	4	6	9	8	5	3	2	7
5	2	9	1	3	7	8	6	4
4	7	8	2	6	9	1	3	5
3	6	1	4	5	8	7	9	2

SUDOKU - 14 (Lösung)

Schwer

1	4	8	7	5	3	9	2	6
9	7	5	4	2	6	3	1	8
3	6	2	8	9	1	7	5	4
5	8	3	9	1	4	6	7	2
6	2	7	5	3	8	1	4	9
4	1	9	6	7	2	5	8	3
2	9	4	1	6	7	8	3	5
7	3	6	2	8	5	4	9	1
8	5	1	3	4	9	2	6	7

SUDOKU - 15 (Lösung)

Schwer

2	7	1	6	3	5	9	4	8
5	9	6	1	8	4	2	7	3
3	4	8	9	2	7	5	6	1
4	1	3	7	5	6	8	2	9
8	5	7	3	9	2	6	1	4
6	2	9	8	4	1	3	5	7
1	3	5	2	7	8	4	9	6
9	6	2	4	1	3	7	8	5
7	8	4	5	6	9	1	3	2

SUDOKU - 16 (Lösung)

Schwer

4	7	2	5	8	9	1	6	3
6	9	1	3	2	7	4	8	5
3	5	8	6	1	4	2	7	9
9	8	4	7	3	2	6	5	1
1	6	5	9	4	8	3	2	7
7	2	3	1	6	5	8	9	4
8	1	9	4	5	6	7	3	2
2	3	7	8	9	1	5	4	6
5	4	6	2	7	3	9	1	8

SUDOKU - 17 (Lösung)

Schwer

7	5	9	8	1	3	2	6	4
6	2	8	7	9	4	5	1	3
3	4	1	2	5	6	8	7	9
5	9	4	1	2	8	7	3	6
2	8	7	6	3	9	4	5	1
1	6	3	4	7	5	9	8	2
8	7	6	9	4	1	3	2	5
9	1	5	3	8	2	6	4	7
4	3	2	5	6	7	1	9	8

SUDOKU - 18 (Lösung)

Schwer

6	1	4	2	9	5	8	7	3
9	8	3	1	4	7	6	5	2
2	5	7	6	3	8	4	9	1
8	2	5	4	6	1	7	3	9
1	4	9	8	7	3	5	2	6
7	3	6	9	5	2	1	8	4
5	9	8	3	1	6	2	4	7
3	7	1	5	2	4	9	6	8
4	6	2	7	8	9	3	1	5

SUDOKU - 19 (Lösung)

Schwer

3	2	1	4	8	5	7	6	9
4	7	9	1	6	2	5	3	8
8	6	5	9	7	3	2	4	1
9	8	7	2	5	4	6	1	3
2	4	3	8	1	6	9	5	7
1	5	6	3	9	7	8	2	4
5	3	2	7	4	9	1	8	6
7	1	4	6	2	8	3	9	5
6	9	8	5	3	1	4	7	2

SUDOKU - 20 (Lösung)

Schwer

2	7	8	1	3	6	9	4	5
5	6	9	4	8	7	1	2	3
4	1	3	5	9	2	8	7	6
1	8	7	3	5	4	2	6	9
9	5	2	8	6	1	7	3	4
6	3	4	7	2	9	5	8	1
7	2	5	6	1	3	4	9	8
3	4	1	9	7	8	6	5	2
8	9	6	2	4	5	3	1	7

SUDOKU - 21 (Lösung)

Schwer

7	9	2	1	6	8	3	5	4
5	3	4	2	7	9	6	8	1
8	6	1	4	5	3	7	2	9
2	5	6	9	3	1	8	4	7
4	1	3	8	2	7	5	9	6
9	7	8	5	4	6	2	1	3
1	4	7	6	8	2	9	3	5
6	2	5	3	9	4	1	7	8
3	8	9	7	1	5	4	6	2

SUDOKU - 22 (Lösung)

Schwer

3	1	6	7	9	5	8	4	2
5	9	8	1	4	2	7	3	6
4	7	2	8	3	6	1	9	5
6	8	3	9	1	7	2	5	4
1	4	7	5	2	3	9	6	8
2	5	9	4	6	8	3	7	1
9	3	5	2	8	4	6	1	7
7	2	1	6	5	9	4	8	3
8	6	4	3	7	1	5	2	9

SUDOKU - 23 (Lösung)

Schwer

2	5	9	6	8	7	1	4	3
1	4	3	9	2	5	7	6	8
6	8	7	1	4	3	2	5	9
9	1	6	7	5	4	3	8	2
3	2	5	8	6	9	4	1	7
8	7	4	3	1	2	6	9	5
5	9	2	4	3	6	8	7	1
4	3	8	5	7	1	9	2	6
7	6	1	2	9	8	5	3	4

SUDOKU - 24 (Lösung)

Schwer

3	5	6	1	4	9	2	7	8
9	8	7	2	6	5	4	3	1
4	1	2	7	8	3	5	6	9
8	6	4	5	7	2	1	9	3
5	7	9	8	3	1	6	4	2
2	3	1	6	9	4	8	5	7
7	2	3	4	5	8	9	1	6
1	9	5	3	2	6	7	8	4
6	4	8	9	1	7	3	2	5

SUDOKU - 25 (Lösung)

Schwer

8	4	3	6	5	9	7	1	2
7	2	5	4	3	1	8	9	6
6	9	1	8	2	7	3	4	5
1	6	9	2	4	3	5	7	8
2	8	4	9	7	5	1	6	3
3	5	7	1	8	6	4	2	9
5	1	6	7	9	8	2	3	4
4	7	8	3	6	2	9	5	1
9	3	2	5	1	4	6	8	7

SUDOKU - 26 (Lösung)

Schwer

9	2	4	3	6	5	8	7	1
8	7	1	4	2	9	6	3	5
5	3	6	7	8	1	9	4	2
4	6	3	2	5	7	1	8	9
2	8	9	6	1	3	4	5	7
7	1	5	9	4	8	2	6	3
1	5	7	8	9	4	3	2	6
3	4	2	1	7	6	5	9	8
6	9	8	5	3	2	7	1	4

SUDOKU - 27 (Lösung)

Schwer

1	9	8	7	6	3	5	2	4
2	3	5	1	8	4	7	6	9
7	4	6	5	9	2	8	1	3
3	1	7	9	4	8	2	5	6
8	6	2	3	1	5	9	4	7
4	5	9	2	7	6	1	3	8
6	8	1	4	2	9	3	7	5
5	7	4	8	3	1	6	9	2
9	2	3	6	5	7	4	8	1

SUDOKU - 28 (Lösung)

Schwer

6	5	2	7	4	8	3	9	1
1	3	4	6	2	9	5	8	7
9	8	7	1	3	5	6	4	2
2	6	9	8	5	3	7	1	4
8	1	3	9	7	4	2	6	5
4	7	5	2	6	1	9	3	8
5	4	1	3	9	2	8	7	6
3	2	6	4	8	7	1	5	9
7	9	8	5	1	6	4	2	3

SUDOKU - 29 (Lösung)

Schwer

4	7	3	6	1	9	5	8	2
5	9	8	7	3	2	1	4	6
6	2	1	8	5	4	3	9	7
3	1	5	4	2	6	9	7	8
7	4	6	9	8	3	2	1	5
9	8	2	1	7	5	6	3	4
1	6	9	2	4	7	8	5	3
8	5	7	3	6	1	4	2	9
2	3	4	5	9	8	7	6	1

SUDOKU - 30 (Lösung)

Schwer

3	2	7	9	4	8	6	5	1
9	5	8	2	1	6	3	4	7
6	1	4	7	5	3	9	2	8
7	4	6	8	9	2	5	1	3
8	3	1	5	6	7	2	9	4
5	9	2	1	3	4	7	8	6
4	7	5	6	2	1	8	3	9
1	6	9	3	8	5	4	7	2
2	8	3	4	7	9	1	6	5

SUDOKU - 31 (Lösung)

Schwer

1	2	4	9	3	7	8	5	6
8	9	6	5	1	2	7	4	3
5	3	7	4	8	6	2	9	1
2	1	5	8	7	9	3	6	4
3	7	9	1	6	4	5	8	2
6	4	8	2	5	3	9	1	7
7	8	3	6	4	5	1	2	9
4	5	2	3	9	1	6	7	8
9	6	1	7	2	8	4	3	5

SUDOKU - 32 (Lösung)

Schwer

1	4	2	7	5	6	8	9	3
7	9	5	8	2	3	1	4	6
8	6	3	1	9	4	5	2	7
6	2	1	5	8	9	3	7	4
3	7	9	4	6	1	2	8	5
5	8	4	3	7	2	6	1	9
4	5	6	9	1	8	7	3	2
9	1	7	2	3	5	4	6	8
2	3	8	6	4	7	9	5	1

SUDOKU - 33 (Lösung)

Schwer

4	9	1	6	3	7	8	5	2
8	5	7	4	2	1	6	9	3
6	3	2	8	9	5	4	7	1
7	8	5	3	6	2	9	1	4
3	4	6	7	1	9	2	8	5
2	1	9	5	4	8	3	6	7
9	7	3	2	5	6	1	4	8
5	6	4	1	8	3	7	2	9
1	2	8	9	7	4	5	3	6

SUDOKU - 34 (Lösung)

Schwer

7	6	2	1	8	9	5	3	4
9	8	4	6	3	5	7	1	2
3	1	5	7	4	2	6	8	9
1	3	8	2	5	6	4	9	7
5	2	9	3	7	4	1	6	8
4	7	6	9	1	8	3	2	5
6	5	7	8	9	1	2	4	3
8	4	1	5	2	3	9	7	6
2	9	3	4	6	7	8	5	1

SUDOKU - 35 (Lösung)

Schwer

5	3	7	4	2	9	8	1	6
6	9	4	8	1	5	3	2	7
8	2	1	3	7	6	4	5	9
1	5	2	7	8	3	9	6	4
3	8	9	6	5	4	2	7	1
7	4	6	1	9	2	5	3	8
2	7	5	9	4	1	6	8	3
4	1	3	5	6	8	7	9	2
9	6	8	2	3	7	1	4	5

SUDOKU - 36 (Lösung)

Schwer

4	7	2	1	6	3	5	9	8
3	1	9	2	5	8	4	7	6
8	5	6	9	7	4	2	3	1
6	2	4	5	9	1	3	8	7
1	9	3	7	8	2	6	4	5
5	8	7	4	3	6	1	2	9
9	6	8	3	4	5	7	1	2
7	3	1	6	2	9	8	5	4
2	4	5	8	1	7	9	6	3

SUDOKU - 37 (Lösung)

Schwer

7	1	8	4	2	9	3	6	5
9	2	6	8	3	5	4	1	7
3	5	4	1	6	7	8	9	2
1	8	9	2	4	6	7	5	3
2	6	3	5	7	1	9	8	4
4	7	5	3	9	8	6	2	1
8	9	1	7	5	4	2	3	6
5	3	7	6	8	2	1	4	9
6	4	2	9	1	3	5	7	8

SUDOKU - 38 (Lösung)

Schwer

5	3	2	1	4	8	7	6	9
1	7	9	2	6	3	4	5	8
6	8	4	9	7	5	1	3	2
7	1	8	4	9	6	5	2	3
3	2	5	8	1	7	9	4	6
4	9	6	5	3	2	8	1	7
9	6	3	7	5	4	2	8	1
2	5	7	6	8	1	3	9	4
8	4	1	3	2	9	6	7	5

SUDOKU - 39 (Lösung)

Schwer

5	8	2	6	3	1	7	4	9
1	9	4	7	5	8	3	2	6
3	7	6	9	2	4	5	1	8
9	1	5	3	4	6	2	8	7
7	2	3	1	8	9	6	5	4
6	4	8	5	7	2	1	9	3
2	5	7	4	9	3	8	6	1
8	6	9	2	1	7	4	3	5
4	3	1	8	6	5	9	7	2

SUDOKU - 40 (Lösung)

Schwer

8	7	6	2	5	9	3	4	1
4	5	1	3	6	7	8	2	9
9	3	2	4	8	1	7	5	6
3	4	8	6	2	5	9	1	7
6	2	7	1	9	4	5	8	3
5	1	9	7	3	8	4	6	2
2	8	3	5	7	6	1	9	4
1	6	5	9	4	3	2	7	8
7	9	4	8	1	2	6	3	5

SUDOKU - 41 (Lösung)

Schwer

3	8	9	1	2	4	7	5	6
4	6	5	3	9	7	8	2	1
2	7	1	6	8	5	9	3	4
6	2	4	9	1	8	5	7	3
9	1	8	7	5	3	6	4	2
7	5	3	2	4	6	1	9	8
8	3	2	5	7	1	4	6	9
1	9	7	4	6	2	3	8	5
5	4	6	8	3	9	2	1	7

SUDOKU - 42 (Lösung)

Schwer

9	8	4	7	1	5	2	3	6
6	1	7	2	8	3	9	4	5
2	5	3	4	9	6	7	8	1
3	9	2	6	5	1	8	7	4
8	6	5	3	4	7	1	9	2
7	4	1	8	2	9	6	5	3
4	2	9	1	3	8	5	6	7
5	3	6	9	7	2	4	1	8
1	7	8	5	6	4	3	2	9

SUDOKU - 43 (Lösung)

Schwer

7	2	6	3	4	9	8	5	1
8	4	1	7	5	2	6	3	9
3	5	9	1	8	6	7	4	2
2	9	8	6	7	5	3	1	4
5	3	4	2	1	8	9	7	6
1	6	7	4	9	3	5	2	8
6	1	2	9	3	7	4	8	5
9	7	5	8	2	4	1	6	3
4	8	3	5	6	1	2	9	7

SUDOKU - 44 (Lösung)

Schwer

9	1	5	8	2	6	7	3	4
4	2	3	1	7	5	9	6	8
8	6	7	4	9	3	2	5	1
7	9	4	2	3	8	5	1	6
5	3	1	6	4	9	8	2	7
2	8	6	7	5	1	4	9	3
1	5	2	3	8	7	6	4	9
6	4	8	9	1	2	3	7	5
3	7	9	5	6	4	1	8	2

SUDOKU - 45 (Lösung)

Schwer

2	3	6	9	1	4	8	5	7
7	5	9	2	8	3	4	1	6
1	8	4	7	6	5	9	3	2
5	6	8	4	3	2	1	7	9
9	1	3	6	7	8	2	4	5
4	7	2	5	9	1	6	8	3
8	9	1	3	2	7	5	6	4
3	2	5	1	4	6	7	9	8
6	4	7	8	5	9	3	2	1

SUDOKU - 46 (Lösung)

Schwer

9	4	7	6	1	2	8	5	3
5	8	6	3	4	7	2	1	9
3	1	2	5	9	8	6	4	7
6	7	8	9	2	5	4	3	1
1	5	9	8	3	4	7	6	2
4	2	3	7	6	1	5	9	8
8	6	4	1	7	3	9	2	5
7	9	1	2	5	6	3	8	4
2	3	5	4	8	9	1	7	6

SUDOKU - 47 (Lösung)

Schwer

7	9	4	1	3	6	5	2	8
2	1	5	8	4	9	7	3	6
6	3	8	7	2	5	1	9	4
3	4	9	5	6	8	2	7	1
1	5	7	2	9	4	8	6	3
8	2	6	3	7	1	9	4	5
5	7	2	4	8	3	6	1	9
4	6	1	9	5	2	3	8	7
9	8	3	6	1	7	4	5	2

SUDOKU - 48 (Lösung)

Schwer

6	9	4	3	1	8	7	5	2
2	5	1	7	4	9	6	3	8
8	7	3	5	2	6	1	4	9
3	2	5	6	9	1	8	7	4
7	8	9	4	3	5	2	1	6
4	1	6	2	8	7	3	9	5
9	3	2	8	7	4	5	6	1
1	6	8	9	5	3	4	2	7
5	4	7	1	6	2	9	8	3

SUDOKU - 49 (Lösung)

Schwer

2	7	4	6	3	5	9	8	1
9	3	5	8	2	1	6	7	4
1	6	8	4	7	9	2	3	5
6	5	1	7	8	4	3	2	9
7	8	3	5	9	2	4	1	6
4	9	2	3	1	6	8	5	7
5	2	6	1	4	3	7	9	8
8	4	9	2	5	7	1	6	3
3	1	7	9	6	8	5	4	2

SUDOKU - 50 (Lösung)

Schwer

4	6	2	5	7	8	3	9	1
3	1	7	2	4	9	5	6	8
8	5	9	3	1	6	2	4	7
2	9	1	8	3	4	6	7	5
5	3	8	1	6	7	9	2	4
7	4	6	9	2	5	1	8	3
6	8	5	7	9	3	4	1	2
9	2	3	4	8	1	7	5	6
1	7	4	6	5	2	8	3	9